예수님의 기도 십계명

예수님의 기도 십계명

지은이·김동기
펴낸이·성상건
편집디자인·자연DPS

펴낸날·2024년 12월 27일
펴낸곳·도서출판 나눔사
주소·(우) 10270 경기도 고양시 덕양구 푸른마을로 15
    301동 1505호
전화·02)359-3429   팩스 02)355-3429
등록번호·2-489호(1988년 2월 16일)
이메일·nanumsa@hanmail.net

ISBN 978-89-7027-859-9   03230

값 8,000원
잘못된 책은 바꾸어 드립니다.

예수님의 기도 십계명

– 주기도문 묵상 –

김동기 목사 지음

천재! 김동기 목사의 걸작이 또 나오다니. 참 멋집니다. 기도할 줄 모르는 나에게는 최고의 선물! 예수님의 기도 십계명을 이렇게 잘 쓰다니. 가정상비약처럼, 교회마다 이 책으로 기도 상비약을 마련해 두는 게 좋을 듯합니다. 책은 사는 것이라고 하던데, 저도 우리 교회에 많이 사 두겠습니다. 강력히 추천합니다. 그리고 일독까지는 아니더라도 반독하더라도 꼭 구매해서 사랑하는 동생 김동기 목사님이 겨울에 뜨끈하게 지내도록 해 주세요.

주암 교회 **이주흥 목사**

김동기 목사는 친구 목사지만 내가 참 존경하는 목사이다. 목회와 사역만 해도 너무 바쁜 목사임을 내가 잘 아는데 지난번 나온 책도 엊그제 같은데 또 책을 낸다고 한다. 〈찬양대 십계명〉과 〈사도신경 묵상집 크레도〉에 이어 이번엔 〈예수님의 기도 십계명〉이란다. 아예 십계명 시리즈로 우리에게 모든 걸 정리시켜 주려 하는 것 같다. 왠지 이 책을 읽으면 우리의 기도가 완성될 것 같지 않은가? 〈사도신경 묵상집 크레도〉가 사도신경의 진수를 보여 주었듯이 말이다.

왕창 교회 이동휘 목사

김동기 목사님의 〈예수님의 기도 십계명〉은 주기도문을 바탕으로 하여 교역자나 평신도들이 아주 가깝게 예수 그리스도의 삶으로 다가갈 수 있는 연관성을 가지게 하고 있습니다. 이 책을 통하여 우리가 살아가는 삶 속에 예수 그리스도의 가르침을 실천하며 더불어 이웃들과 함께 살아갈 수 있는 하나님의 축복을 마음껏 누릴 수 있기를 기도해 봅니다.

송영 교회 박삼흥 목사

성도의 삶에 가장 큰 은혜와 보람이 무엇일까? 고민할 것도 없이 "기도의 응답"이리라 확신한다. 더불어 하나님이 들으시는 기도, 하나님의 뜻대로 올려드리는 기도에 대해 어떻게 하나님께서 응답하지 않을 수 있겠는가? 이 책의 저자인 김동기 목사는 하나님이 응답하시는 기도, 하나님의 뜻대로 올려드리는 기도가 무엇인지 명쾌하게, 그리고 이해하기 쉽게 담아내고 있다. 많은 이들이 책을 통해 확신하고, 확신 가운데 경험해 보기를 간절히 바라본다.

삼가리 교회 **김은철 목사**

김동기 목사님은 그동안 착실하게 목회 현장에서 성도들을 세우기 위해 교육 목회를 해오셨다. 그동안 〈찬양대 십계명〉, 〈사도신경 묵상집, 크레도〉를 집필하여 목회자와 성도들에게 큰 도움을 주었다. 이번에 출간된 〈예수님의 기도 십계명〉은 주기도문을 소개한 책이다. 그동안 주기도문에 대한 설교는 많았지만, 성경 공부 교재는 부족했다. 도입과 예화 그리고 본문 해설 그리고 나눔과 적용까지 친절하게 소개해 주었다. 부디 청장년 모두에게 나뉘어 조국 교회 안에 기도가 회복되길 바란다. 주님의 기도를 바로 깨달아 주의 뜻으로 주의 자녀 되길 소망한다.

하늘땅 교회 담임, 작은 교회연구소장 **이재학 목사**
저서, 〈우리는 날마다 교회가 무엇인지 묻는다〉

주기도문. 어릴 적부터 버튼만 누르면 자동으로 나오듯이 이 기도문은 그저 '주기도문으로 예배를 마칩시다' 하면 동시에 줄줄 줄줄 입에서 흘러나오는 기도문이었습니다. 그것도 여럿이 함께 자동으로 흘러나오는 기도문이라 그리 큰 어려움이 없었습니다. 의미를 생각할 겨를도 사실 없었습니다. 한번은 혼자 입에서 주기도문을 중얼거려봤습니다. 아, 이게 웬일…? 머릿속으로는 맴도는데 입으로 잘 나오지 않았습니다. 이거던가 저 거던가…. 혼란스러웠습니다. 그때야 이 기도문이 주님께서 가르쳐주신 기도문이란 엄중한 사실이 내게 다가왔습니다. 그래서 찬찬히 찬찬히 입에서 조아려봤습니다. 단어 하나하나가 의미 있는 단어였습니다. 그런데도 뭔가 부족한지 아쉬웠습니다.

이번에 김동기 목사님께서 〈예수님의 기도 십계명〉을 출판했

8 예수님의 기도 십계명

습니다. '십계명'이란 단어에 왠지 거시기했는데 찬찬히 읽어보
니 정말 꼭 필요한 예수님의 기도 십계명이었습니다. 모든 그리
스도인에게 권하고 싶은 마음이 커졌습니다. 김동기 목사님, 역
시 우리를 실망시키지 않는 목사님이요, 글쟁이입니다. 잘 쓰셨
습니다. 주님께서 기뻐하실 겁니다. 이제 주님의 기도문, 주기
도문이 암송될 때마다 그 〈예수님의 기도 십계명〉이 마음에서
진하게 새겨지곤 할 것 같습니다. 감사합니다.

왕십리 중앙 교회 **양의섭 목사**

우리는 매양 하나님께 기도를 올리면서도 '기도'에 대한 고민
에 빠지곤 합니다. 과연 기도란 무엇이며, 어떻게 기도해야 좋
으며, 기도하면 우리에게 무슨 일이 일어날지요.

우리는 예수님께서 '너희는 이렇게 기도하라'시며 직접 우리
에게 주신 주기도문을 압니다. 그 소중한 모범을 김동기 목사님
께서는 오랜 시간 되새기시며 주기도문의 텍스트가 갖는 '의미
와 기도'에 대한 안목, 그리고 통찰을 관련 예화와 함께 흥미롭
게 엮어 내셨습니다. 이 책을 통해 기도의 본질과 방법, 그리고

기도의 은혜에 우리가 모두 한발 더 나아갈 수 있기를 바랍니다.

서울노회 노회장(통합), 을지로 교회 **이승철 장로**

주기도문은 단순한 기도가 아니라, 우리의 삶과 믿음을 가르치는 영적 지침서입니다. 이번 김동기 목사님이 펴낸 책 〈예수님의 기도 십계명〉은 주기도문의 깊은 의미를 풀어내어 우리의 일상에 적용할 수 있는 실천적인 통찰을 제공합니다. 간결하면서도 풍성한 해설은 초신자부터 오랜 신앙인까지 누구에게나 큰 유익을 줍니다. 하나님과 더 깊은 교제를 갈망하는 이들에게 이 책은 든든한 동반자가 될 것입니다. 주기도문을 통해 하늘의 뜻을 삶 속에 새기는 유익이 있길 바랍니다.

주사랑 교회 **정성렬 목사**

김동기 목사님은 제가 아는 많은 사람에게 자랑하고 또 자랑하는 목사님이십니다.

우선 김동기 목사님의 넘치는 에너지, 이것은 목사님에게 주신 특별한 은사인 것 같습니다. 목회, 전도, 기도, 강의, 일대일 만남, 상담…. 그리고 관계 에너지도 정말 풍성합니다. 지역목회자들, 선후배, 동료, 마을 분들, 아이들과 청소년들…. 게다가 운동, 축구까지…… 조심할 것은, 절대로 김동기 목사님을 따라가려고 해서는 안 된다는 것입니다.

김동기 목사님은 이미 다수의 책을 낸 작가입니다. 이번에 〈예수님의 기도 십계명〉을 또 내는데, 내용의 구성이 좋았습니다. 본문 읽기, 도입/생각하기, 본문/수용하기, 결론/적용하기, 나누기 또는 결단과 기도… 그래서 성경 공부나, 다양한 소그룹의 교재로 사용하기에 매우 적합해 보입니다. 내용도 충실하고요.

축하드리고, 이 책이 널리 알려지고 쓰임 받아 하나님 나라 확장에 크게 이바지하길 기도하며 적극적으로 추천합니다.

용문교회 **이언구 목사**

이미 있던 것이 후에 다시 있겠고 이미 한 일을 후에 다시 할 지라 해 아래는 새 것이 없나니 무엇을 가리켜 이르기를 보라 이 것이 새 것이라 할 것이 있으랴 우리 오래 전 세대들에도 이미 있었느니라   전도서 1장 9절 – 10절

그리스도인은 기도에 대해 많은 열정과 많은 아쉬움이 있는 것이 사실이다. 그리고 그러한 인생의 고민에 예수님께서 바른 기도를 주기도문을 통해 제시해 주셨다. 그래서 주기도문이 궁 금했다. 그런데 이미 '해 아래 새것이 없다'는 전도자의 말처럼 여러 부분에서 주기도문에 대한 해석이나 주석이 넘쳐났다. 그 래도 내 언어, 내 말로 정리하고 싶었다.

그렇다고 고유한 창작물도 아니다. 뒤에 언급했지만 이 책의 주를 이루는 것이 '소요리 문답'이었다. 저자에게는 최고의 글이 었고, 해석이었다. 대부분 소요리 문답을 주 텍스트로 하여 묵상한 내용을 언급했다.

형식은 예수님의 기도를 묵상하도록 큐티 형식으로 정리했다. 청년들과 장년들이 함께 나누며 쉽게 사용할 수 있을 교재로 만들어 봤다.

나눔사 성상건 사장님께 감사드리며 아울러 여러 목사님의 추천의 글에도 진심으로 감사드린다. 주님께서 기뻐하시는 예수님의 기도 십계명이 되길 소망한다.

늘 기도로 동역해 주시는 단석 교회 성도님들과 사랑하는 아내와 아이들에게도 늘 고마움이 크다.

오직 주님만 영광 받으시길 소망한다.

2024년 11월 27일
눈이 많이 내리는 날 **김동기 목사**

▌차 례 ▌

중언부언하는 기도는 응답받지 못합니다
「 응답받는 기도의 비결 」

본문 읽기 | 빌립보서 4장 6절

아무것도 염려하지 말고 다만 모든 일에 기도와 간구로,

너희 구할 것을 감사함으로 하나님께 아뢰라

도입 | 생각하기

예화 ■ 기도와 부흥

지난 10년간(1980년~1990년) 미국 교회에서는 12개의 큰 교

회 중 8개가 한국 교포 교회였고, 1991년도에 와서는 20여 개의

큰 교회는 모두가 한국 교포 교회였습니다. 같은 성경책, 같은

물질, 같은 목적인데, 한국 교회는 성장하고, 미국 교회는 황폐되었습니다. 그 이유는 1980년 미국 목사의 기도 시간은 하루에 평균 8분이었고, 한국 교포 교회 목사의 평균 기도는 하루 30분이었습니다. 과연 기도만 하면 부흥될까요? 기도가 만사형통일까요? 그러면 기도에 대해서 생각하는 시간이 매우 필요하겠지요. 기도는 나에게 무엇인지 한번 고민해 보지요.

출처 : 네이버 블로그, Gloria Dios

▶ 질문 : 나에게 기도란 무엇일까요?

4자, 또는 한 문장으로 써 볼까요?

예) 은혜 충만, 만사형통, 직통 계시, 위로 회복,
은혜와 축복의 기도는 하나님을 만나는 통로이다.

본문 | 수용하기

≫ 오해 바로잡기

흔히 '중보기도'라고 하는 것은 '예수님의 기도'를 말한다. 중보기도가 아니라 이웃을 위한 기도는 '도고'라고 해야한다.

중보기도의 오해는 9세기경 로마 가톨릭의 사제들이 설교 후 죽은 자나 성도들의 처지를 기도하는 내용이었다. 로마 가톨릭은 사제의 '성직성'을 가지고 신적 차원으로 끌어올리려는 경향이 있다. 또한 중보기도는 중보자가 하는 기도인데, 중보자의 자격은 인성(人性)과 신성(神性)을 가져야 하고 죄가 없어야 한다고 명시하고 있다.

성경, 기독교강요, 웨스트민스터 대요리 문답 36문 ~ 42문,
신도계요서 제8장, 조직신학 기독론 등

무엇보다 중보자는 그리스도 예수 한 분뿐이라고 성경에 못 박고 있다. "하나님은 한 분이시요 또 하나님과 사람 사이에 중보자도 한 분이시니 곧 사람이신 그리스도 예수라"(디모데전서 2장 5절) 성도의 기도와 찬미는, 그리스도의 중보의 기도에 의해 비로소 하나님께 받아들여진다.

요한일서 2장 1절, 로마서 8장 27절, 히브리서 4장 14절,
베드로전서 2장 5절

중보자는 예수 그리스도뿐이시기 때문에 사람은 '중보기도'를 할 자격이 없다. 그러므로 성경적이고 신학적인 중보기도는 예

수님의 인간에 대한 기도이다. 그래서 우리는 '도고(intercession prayer)' 또는 '이웃을 위한 기도', '타인을 위한 기도' 정도로 표현하는 것이 가장 '성경적 용어'라 하겠다.

| 분석 및 관찰 |

빌립보서 4장 6절

아무것도 염려하지 말고 다만 모든 일에 기도와 간구로, 너희 구할 것을 감사함으로 하나님께 아뢰라

오늘 본문을 분석하고 관찰하는 것은 '기도'에 대해 우리가 살펴보기 위한 것이므로 빌립보서 4장의 내용과 배경을 연결하는 것은 아니다. 빌립보서 전체 배경과 연결하면 더욱 풍성하고 은혜롭겠지만, 지금은 빌립보서 강해서 아니라, 기도에 대해서 살펴보고자 함을 염두에 둬야 한다.

1. 아무것도 염려하지 말고

인생은 염려가 있다는 것이 전제이다. 그러나 그리스도인은 아무것도 염려하지 말라는 것이다. 이것은 명령형이다. 염려는 우리의 것이 아니라는 선언이다. 우리에게는 항상 생존의 문제가 걸려 있다. 그런데 왜, 걱정하지 말라고 하는 걸까? 다음 구절을 보자.

2. 다만 모든 일에 기도와 간구로

처음 '다만'은 그 어떤 것보다도 우선하는 것이며, 상황과 관계없는 '절대적'이라는 뜻이다. 앞의 '아무 것도'는 뒤의 '모든 일'로 받아내고 있다. 많은 것을 걱정하지 말아야 하는 모든 일은 '기도'와 '간구'이다.

>>> 기도 (프로슈케 προσευχή)
하나님께 예배하는 마음으로 드리는 것

>>> 간구 (테에시스 δεησις)
개인적인 특별한 요구를 아뢰는 것

그러므로 기도와 간구는 예배와 요구로 연결된다. 여기서 '기도의 정의'가 생성되고 있다. 즉 기도란, 예배이며 그 예배 가운데 행해지는 나의 요구를 하나님이 들어 주셔야 한다는 것이다. 나의 필요와 요구가 모두 예배 가운데에서 이루어질 수 있다는 고백이며, 나는 예배자로서 하나님이 주시는 것으로 공급받을 수 있다는 고백이다.

3. 너희 구할 것을 감사함으로 하나님께 아뢰라

여기서 구할 것, 즉 우리의 요구를 고백하고 아뢸 때의 방법이 나온다. 그것은 '감사'이다. '감사함으로 메타 유카리스타이아 μετὰ εὐχαριστίας (meta eucharistías)'는 '감사함을 가지고'이다. 감사라고 하는 것은 우리가 요구한 것이 응답 되었다고 드리는 결과론적인 것이 아니라, 하나님의 자녀, 하나님의 백성, 예배자로서 내 기도를 하나님이 들어주신다는 확신, 하나님을 완전하게 믿는 믿음, 그분을 인격적으로 신뢰하는 자만이 할 수 있는 것이나. 우리는 나의 말을 내가 존경하는 그 누군가가 들어주는 것만으로도 은혜가 되지 않는가?

우리 딸은 내가 자기 말을 경청해 주는 것만으로도 좋아한다. 너무 안 들어줘서 말이다. 그런데 응답 되지도 않았지만 기도하는 것 자체가 감사이다. 그래서 감사는 믿음이고 그것은 내가 요구하고 요청한 기도가 이루어진 것이 아니라, 내가 '기도자'라는 것 자체에 확신과 은혜가 있는 것이다. 그래서 여기서 두 번째 '기도의 정의'가 나온다.

기도는 우리의 요구가 이루어지는 것이 응답이 아니라, 하나님이 허락하시고 이끌어 주시는 것이 응답이다. 그래서 기도는 하나님을 통해 나를 교정하는 것이다. 그러므로 나의 요구가 목적이 아니라, 기도에서의 목적은 '하나님'이다. 그러므로 어찌하든지 하나님 안에서 이루어지는 기도는 '감사'로 열매 맺고, 감사가 있는 사람을 '겸손'한 하나님의 사람이라고 하는 것이다.

결론 I 적용하기, 나누기

● 응답 받았던 기도를 짧게 나눠 봅시다. (각 2분)

● 한 주간 진정한 '기도자'로 살기로 결단합시다.

기도는 세상을 바꿉니다
「 죄악을 멸하는 기도의 능력 」

본문 읽기 | 요한복음 17장 1절, 4절 – 5절

1 예수께서 이 말씀을 하시고 눈을 들어 하늘을 우러러 이르시되 아버지여 때가 이르렀사오니 아들을 영화롭게 하사 아들로 아버지를 영화롭게 하게 하옵소서

4 아버지께서 내게 하라고 주신 일을 내가 이루어 아버지를 이 세상에서 영화롭게 하였사오니

5 아버지여 창세 전에 내가 아버지와 함께 가졌던 영화로써 지금도 아버지와 함께 나를 영화롭게 하옵소서

도입 | 생각하기

예화 ■ 기도가 범죄율 낮춘다

미국의 수도 워싱턴은 1993년 454명이 살해됨으로써 미국의
'살인 수도'라고 불린 적이 있다. 그러나 6년 후 워싱턴의 범죄율
은 폭력범죄율이 60%까지 떨어졌고 1993년 454명이던 피살자
수가 232명으로 줄었다. 강도는 70%나 감소하였고 강간도 40%
나 줄었다.

이는 미국에서 일어난 기도 운동 '미국을 위한 도고자들'과 전
세계의 지속적인 도고 기도가 있었던 덕분이었다. 도고기도 그
룹이 "사기 사건이 은폐되지 않게 하소서"라고 기도하자 시장인
마리온 베리가 약물 단속에 적발돼 구속되는 일이 일어났으며
정부와 도시지도자들을 위해 기도하는 이 기도 운동은 1997년
연중무휴로 지속되었다. 6천여 명 이상의 사람들이 매주 최근의
기도 제목들을 가지고 기도하였고 이들은 전화번호부를 이용하
여 도시에 사는 모든 사람을 기도명단에 올려서 기도하였다. 그

리고 몇몇 국회의 크리스천 의원들도 매주 기도 모임에 참여하기도 하였다.

과테말라 알모롱가라는 인구 2만 명의 작은 도시에서는 돌 세례를 퍼부었던 깡패들이 모두가 변화되어 지역 목사들이 되었고 마을 사람 90%가 복음화되었으며, 4개의 감옥은 폐쇄되어 이젠 관청업무나 결혼예식장으로 사용하게 되었다.

또한 마시몽(죽음의 신)이라 불리는 우상숭배가 심한 곳이었다. 그런데 지금의 알모롱가는 가장 깨끗하고 행복하고 풍성한 도시로 변화되었고 가정은 회복되었으며, 빈곤은 완전히 없어졌다. 그리고 전체도시의 모든 교회가 강력한 예배를 드리게 되었고 과테말라 사람들은 알모롱가를 '교회의 도시'라는 별명으로 부르게 되었다.

사람들 사이에 음주 습관도 없어졌으며 이 지역에 있던 36개의 술집 중 33개가 없어졌고 음주의 급격한 감소는 범죄율 감소로 이어졌다. 이렇게 된 배경에는 이 지역 출신 마리아노 목사의 목숨을 건 도고가 있었다.

   * 중보기도 표기를 '도고'로 변경   출처 : 네이버 블로그, 오네 시모

   ▶ 질문 : 기도는 영성 회복에 도움이 될까요?

      한 번 나눠 봅시다.

본문 | 수용하기

| 분석 및 관찰 |

요한복음 17장 1절, 4절- 5절

1 예수께서 이 말씀을 하시고 눈을 들어 하늘을 우러러 이르시되 아버지여 때가 이르렀사오니 아들을 영화롭게 하시 아들로 아버지를 영화롭게 하게 하옵소서

영화롭다는 말의 어원은 '장엄, 탁월, 존귀, 품위, 거룩, 위엄 등 가장 영광스러운 상태'를 말한다. 대제사장이신 예수님의 기도는 하나님이 아들을 영화롭게 해야 하는 상태이다.

그 상태는 하나님으로부터 출발한다. 예수님도 기도의 대상이 하나님이시다. 그 하나님이 이제 예수 그리스도를 영화롭게 하고, 그 영화로움을 예수님이 실천할 때, 아버지가 도리어 영화롭게 된다고 한다.

그러면 예수님의 '영화로움'은 그 상태이면서 동시에 영화롭게 하는 행위를 수반하고 있는데, 그것은 '십자가의 죽음'이다. 다시 말하면 예수님이 십자가로 가기 위해서는 아버지의 허락과 예수님의 순종이 있어야하는데, 이 '허락과 순종'의 도구가 바로 '기도'이다. 그러므로 기도라는 것은 하나님으로부터 영화로워지는 동시에 우리가 순종하기 위한 도구이다.

순종이란 들어야 할 수 있는 것이다. 하나님의 뜻을 아는 것, 그리고 그 뜻 자체가 우리를 영화롭게 하고, 우리의 순종으로 말미암아 하나님의 뜻이 이루어지면서 또한 도리어 하나님께서 우리를 통해 '영광', '영화'로워 지는 것이다. 이러한 근거 구절이 다음 4절과 5절이다.

4 아버지께서 내게 하라고 주신 일을 내가 이루어 아버지를 이 세상에서 영화롭게 하였사오니

5 아버지여 창세 전에 내가 아버지와 함께 가졌던 영화로써 지금도 아버지와 함께 나를 영화롭게 하옵소서

하나님의 본체로서 창세 전에 함께 가졌던 영화로움은 그가 육신으로 온 이 땅 위에서 실현되고 있는데, 그것은 하나님의 뜻을 '순종'하는 그의 뜻을 '행함'에 있는 것이다. 그러므로 거룩하게 하는 우리의 기도는 먼저는 하나님의 뜻을 알게 하고, 동시에 그 뜻을 순종하는 자리로 인도하는 능력이 있는 것이다. 기도는 인간적인 사유나 사고 구조 체계 생각 등을 하나님의 것으로 완전하게 변화시키는 거룩한 능력이다. 그러나 기도와 '주문'을 구분할 필요가 분명히 있다. 이것은 다음번에 언급하기로 한다.

마가복음 9장 29절

이르시되 기도 외에 다른 것으로는 이런 종류가 나갈 수
없느니라 하시니라

'기도'의 전제는 하나님을 인정하는 삶인 것이다. 하나님을 전
적으로 믿고 신뢰하는 자만이 '기도'할 수 있다. 그러므로 기도
는 기도를 드리는 자의 소원이 내포되기도 하지만, 본 강에서는
기도하는 행위 그 자체에 의미를 두기로 한다. 우리가 기도할
때 기도하는 대상이 '하나님'이기 때문에 그분으로 향하는 기도
는 그 자체로 하나님이 개입하신다. 기도하는 믿음의 사람에게
하나님이 함께하심으로 하나님의 영이 그의 영혼에, 육체에, 삶
에 역사한다. 그것 자체로 기도의 사람은 경건의 사람이고 거룩
한 하나님의 백성이 되는 것이다. 그가 기도할 때 하나님이 함
께하시기 때문이다.

요한복음 14장 13절 - 14절

13 너희가 내 이름으로 무엇을 구하든지 내가 행하리니 이는

아버지로 하여금 아들로 말미암아 영광을 받으시게 하려 함
이라

14 내 이름으로 무엇이든지 내게 구하면 내가 행하리라

결론 l 적용하기, 나누기

● 한 주간의 기도의 삶에 대해 나눠 봅시다.

● 진정한 '기도자의 영성'을 기억하면서 성도의 거룩함의
시작은 말씀과 기도라는 것을 항상 기억합시다.

기도는 공급의 선물이다.
「 기도는 영·육으로 공급하시는 주문서 」

본문 읽기 | 요한복음 16장 23절 - 24절

23 그 날에는 너희가 아무것도 내게 묻지 아니하리라 내가 진실로 진실로 너희에게 이르노니 너희가 무엇이든지 아버지께 구하는 것을 내 이름으로 주시리라

24 지금까지는 너희가 내 이름으로 아무것도 구하지 아니하였으나 구하라 그리하면 받으리니 너희 기쁨이 충만하리라

예화 ■ 하나님의 공급

나는 와타나베라고 하는 일본 목사님의 통역을 했던 일이 있는데 다음은 그분이 내게 들려주었던 이야기이다. 요시다 게이다로라는 정치범이 독감방에 수감되었다. 그는 무료한 시간을 보내기 위하여 감방에 비치된 서적을 주문하였으나 독방에는 불교서적과 성경책만이 허용되었다. 그는 불교 신자도 아니고 기독교 신자도 아니었지만, 성경책을 읽기로 하였다. 처음으로 대하는 책을 뒤적였지만 아무런 깨달음이 없고 이해가 되지 않았다.

그러나 그는 성경을 통독하기로 작정하고 창세기로부터 요한계시록까지 계속 읽어가는 동안 자기도 모르게 심취되어 하나님의 실존과 예수 그리스도 십자가의 의미를 알게 되었다. 죄를 회개하고 용서받음으로써 하나님의 평안을 누리는 이치와 또 기도의 위력을 배웠다. 그리하여 예수님의 이름으로 구하는 것도 찾게 되었다. 그는 처음으로 기도하였다. "하나님, 나는 지금 독방에서 콩밥만 먹으니 배가 고픕니다." 지금 그에게 가장 절실한 것은 배고픔이었다. 옆의 감방에는 잡범들이 많이 들어와 있었는데 그들은 여러 가지 작업을 하는 가운데 토마토 농사를 많이 짓고 있었다.

그들도 요시다 게이다로가 독방 생활을 하고 있다는 소식을 알고 있었다. 그래서 그들은 "그분이 독방에서 배고플테니 우리가 토마토를 따다가 몰래 넣어주면 어떨까?"하고 서로 수군거렸다. 간수의 눈을 피하기란 어려운 일이었다. 그러나 잡범들은 한 사람이 토마토 한 개씩을 따가지고 들어오는 길에 요시다 게이로다의 독방 문틈으로 넣어주었다. 하나님께서는 배고픈 죄수에게 실제로도 먹을 것을 주시는 기적을 베푸셨다.

출처 : 네이버 블로그, 주의 뜰

▶ 질문 : 여러분에게 기도가 고통이나 힘겨운 숙제인가요?

아니면 선물인가요?

만약 선물이라면 '어떤 선물' 인가요?

본문 I 수용하기

분석 및 관찰 I 요한복음 16장 23절 - 24절

23 그날에는 너희가 아무것도 내게 묻지 아니하리라 내가 진실로 진실로 너희에게 이르노니 너희가 무엇이든지 아버지께 구하는 것을 내 이름으로 주시리라

24 지금까지는 너희가 내 이름으로 아무것도 구하지 아니하였으나 구하라 그리하면 받으리니 너희 기쁨이 충만하리라

1. 기도 선물은 오직 '예수님을 통해서 공급'하신다.

선물 받는 제1의 원리를 설명하신다. 오직 하나님으로부터 공급받는 선물은 항상 예수님의 이름으로만 우리에게 전달되는 것이다. 그러면 왜 예수님의 이름으로만 가능한 것인가? 하나님에게 기도하는 것은 하나님의 자녀, 그분의 백성만이 가능한 것

이다. 하나님은 공의의 하나님으로서 우리가 하나님의 자녀가 되는 유일한 길은 예수님으로만 가능하기 때문이다. 그래서 예수님의 이름으로만 공급하시는 것이다.

| 용어 정리 |

>>> 구하다

에로타오 ἐρωτάω : 예수님께서 하나님께 하시는 기도이다. 이 기도는 밀접한 관계에서 상의하는 차원이다. 예수님은 하나님과 소통만이 필요한 것이지 따로 무엇을 하나님께 구하실 필요가 없으시다.

아이테오 αἰτέω : 이것은 우리가 구하는 것이다. 우리가 하나님께 구하는 것으로 '자신의 몫으로 어떤 것을 요구하다'라는 것이다. 즉 계약적인 관계에서 정당하게 요청하는 것이다. 그런데 이 정당한 요청의 계약의 중요한 보증이 바로 '예수 그리스도'이시다.

우리가 하나님께 구하는 것은 예수님을 통해 보증하셨다. 그래서 주님이 오늘 본문에서 말씀하시는 것이다. "내가 진실로 진실로 너희에게 이르노니 너희가 무엇이든지 아버지께 구하는 것을 내 이름으로 주시리라"(**요한복음 16장 23절**), 그러므로 우리가 오직 예수님의 이름으로 요청할 때 하나님께서 그 약속(계약)하신 것을 우리의 필요에 따라 공급하시는 것이다.

의문 : 하나님께서 다 아시는 것을 알아서 공급하시면 되는 것이 아닌가? 왜 우리가 굳이 세세히 다 아뢰어야 하는가? 하나님은 우리의 필요를 물론 다 알고 계신다. 그러나 중요한 것은 우리가 주님께 요청하고 기도한다는 것은 나는 오직 하나님께로부터만 공급받겠다는 우리 쪽에서의 '믿음'이고 '하나님을 신뢰'하는 것이며 인격적인 하나님과 소통하는 방법이다. 우리가 구하지 않고 받은 것을 나에게 공급한 '사람'이나 '대상'에게 감사하거나 고마워하면 우상 숭배하는 결과가 생길 수 있다. 우리의 모든 일상의 구하는 것, 공급받아야 할 것, 그것은 물질뿐 아니라 성품, 인격, 은사, 관계 모든 것을 총칭하는 것이다. 모든 것

이 하나님에게서 오는 것에 대한 가장 근본적이고 기본적인 자세는 '일체를 하나님께로부터'인 것이다. 그게 '예수 이름으로'의 삶이고 은혜이다.

2. 기도 선물은 '지속해서 완전하게 공급'하신다.

'주시리라'의 '도세이 δώσει'는 제한적으로 몇 번으로 공급하시는 것이 아니라, 계속해서 주신다는 것이다. 지혜와 능력과 일용할 양식 등으로 우리의 일체를 공급하신다. 지속적이며 완전하게 공급하신다는 뜻은 우리의 욕구와 요구에 맞게 허락하신다는 것이 아니라, 우리가 하나님의 자녀로서 '온전해지기'까지 '공급하신다'는 것이다. 그 공급은 우리를 고치기도 하고 회복시키기도 하고 우리에게 감사와 은혜와 기쁨을 맛보게 하기도 한다. 광야 생활 중 이스라엘 백성들에게 만나를 매일 공급하시며 의복이 해지지 않도록 공급하셨다. 우리의 욕구에 맞지는 않으나 우리를 굶겨 죽이시지 않는다. 그 생활을 통해 하나님을 배우며 하나님께로 나가는 역사가 있는 것이다.

네 하나님 여호와께서 이 사십 년 동안에 네게 광야 길을 걷게 하신 것을 기억하라 이는 너를 낮추시며 너를 시험하사 네 마음이 어떠한지 그 명령을 지키는지 지키지 않는지 알려 하심이라

너를 낮추시며 너를 주리게 하시며 또 너도 알지 못하며 네 조상들도 알지 못하던 만나를 네게 먹이신 것은 사람이 떡으로만 사는 것이 아니요 여호와의 입에서 나오는 모든 말씀으로 사는 줄을 네가 알게 하려 하심이니라

신명기 8장 2절–3절

모든 기도와 간구를 하되 항상 성령 안에서 기도하고 이를 위하여 깨어 구하기를 항상 힘쓰며 여러 성도를 위하여 구하라

에베소서 6장 18절

3. 기도 선물은 '기쁨을 충만'하게 한다.

24절의 구하라 '아이테이테 Αἰτείτη'는 현재 시제 명령이

다. '계속해서 구하라', '계속해서 요청하라'는 뜻이다. 그
것은 우리는 이 세상에서 공급 없이 살지 못하기 때문에
살기 위해서는 밤, 낮으로 항상 구해야 한다. 그러면 그 약
속(계약)에 따라 공급하신다는 것이다. 그런데 공급받는
것에 기쁨도 있다는 것이다. 여기서 '페플레로메네
πεπλεροµένη'는 차고 넘치는 기쁨을 의미한다.

즉, 무엇을 받아서 누리는 기쁨이 아니다. 그것은 '기도'
자체에 이미 하나님께서 주시는 기쁨이 있는데 그것은 차
고 넘치고 지속해서 유지되는 것을 말한다. 그 기쁨은 사
람으로부터 온 것이 아니다. 기도하는 행위 자체가 이미
우리의 삶의 내용을 하나님께 올려 드리는 행위이다. 나를
하나님께 드리는 '제사'가 기도이다. 그래서 나의 삶의 문
제, 고민, 이해, 관계, 생각 등 아주 사소한 문제를 이제는
나의 문제가 아니라 '하나님의 문제', '하나님의 일'로 전환
시키는 것이다.

그래서 내가 책임지려고 했던 나의 문제가 이제는 하나

님의 문제로 이전되는 영적인 신비의 감각을 내가 기도를 통해 확인하는 자리이기 때문에 기쁘다. 감사하다. 그리고 은혜일 수밖에 없다. 주님의 멍에는 쉽고 가볍다. 벗어 던진 것은 아니다.

내가 지고 있으나 주님이 이제 다 책임지시는 자리가 기도의 자리이다. 그러므로 나의 모든 염려, 근심, 걱정들이 기도를 통해 해결되었다. 그래서 환경과 상황은 변함이 없으나 나의 영혼은 그 문제를 해결했으므로 기쁨이 충만할 수밖에 없는 것이다. 이것이 바로 선물이다.

결론 | 적용하기, 나누기

● 하나님이 허락한 선물을 '쉬지 말고 기도'하여
  항상 공급받는 놀라운 기쁨의 은혜를 누립시다.
  한 주 동안에도 주 안에서 기쁨으로!

제 1계명 · 진짜 기도하라!
「 중언부언하는 기도가 아닌 진정한 기도의 비결 」

본문 읽기 | 마태복음 6장 9절 - 13절

9 그러므로 너희는 이렇게 기도하라 하늘에 계신 우리 아버지여 이름이 거룩히 여김을 받으시오며

10 나라가 임하시오며 뜻이 하늘에서 이루어진 것 같이 땅에서도 이루어지이다

11 오늘 우리에게 일용할 양식을 주시옵고

12 우리가 우리에게 죄 지은 자를 사하여 준 것 같이 우리 죄를 사하여 주시옵고

13 우리를 시험에 들게 하지 마시옵고 다만 악에서 구하
시옵소서 나라와 권세와 영광이 아버지께 영원히 있사옵
나이다 아멘

도입 | 생각하기

예화 ■ 우리의 기도를 들으시는 하나님

2차 대전이 끝나고 얼마 되지 않았을 때의 일입니다. 한 부인
이 식료품 가게에 와서 성탄절 만찬에 아이들이 먹을 수 있을 만
큼만 식료품을 달라고 했습니다. 돈이 얼마나 있느냐고 주인이
물으니 남편이 전쟁에 나가 죽어서 기도 밖에는 정말 아무것도
드릴 것이 없다고 대답했습니다.

식료품 가게 주인은 재미있어서 이렇게 말했습니다. "당신의
기도를 종이에 써 주십시오. 그러면 그 무게만큼 식료품을 주겠
소!" 놀랍게도 부인은 접힌 노트 한 장을 주머니에서 꺼내 주인

에게 건네주면서 "우리 어린애가 지난밤에 아파서 옆에서 병간호하며 기도를 적어 두었지요."하고 대답했습니다.

읽어 보지도 않은 채 주인은 구식 저울의 추를 놓은 곳에 기도가 적힌 종이를 놓고는 "자, 이 기도가 어느 정도의 식료품 무게가 되는지 달아 봅시다."하고 중얼거렸습니다. 놀랍게도 빵 한 덩어리를 놓았는데도 저울은 꼼짝하지 않았습니다. 다른 식료품을 올려놓았지만, 저울의 추는 움직이지 않자 주인은 더욱 당황했습니다. 드디어 저울에 더 이상 올려놓을 수 없게 되었습니다. 그러자 가게 주인은 "당신이 봉지에 담아 가시오, 나는 바쁘니까!"하고 퉁명스럽게 말했습니다.

눈물을 흘리고 감사하며 그 부인은 한 아름 식료품을 받아 갔습니다. 저울이 고장 난 것을 얼마 후 주인은 알게 되었습니다. 그러나 그 저울은 그 부인이 오기 전까지도 정상적으로 사용했던 것이었습니다. 그 후 몇 년 동안 주인은 가끔 의아했습니다. 그 일이 정말 우연의 일치일까? 왜 그 부인이 미리 기도를 써서 왔을까? 왜 그 부인이 저울이 고장 났을 때 왔을까? 그때 그 부인이 적은 기도문을 확인한 주인은 놀랄 수밖에 없었습니다.

'주여, 오늘날 우리에게 일용할 양식을 주시옵소서.'

주기도문의 내용을 적었던 것입니다. 주님이 가르쳐준 기도
의 위력을 확실하게 느끼는 한 장면입니다.

"그러므로 내가 너희에게 말하노니 무엇이든지 기도(祈禱)하
고 구(求)하는 것은 받은 줄로 믿으라 그리하면 너희에게 그대로
되리라" 마가복음 11장 24절

출처 : 네이버 블로그, 우림과 둠밈

▶ 질문 : 여러분에게 주기도문은 예배의 끝을 알리는
'희망의 소리'인가요? 아니면 여러분에게 '능력'으로
다가오는 것인가요?

본문 | 수용하기

≫ 주기도문 서론

주기도는 기본적으로 경배와 간구와 송영으로 되어 있다. 시작 부분인 경배는 기도의 대상이신 하나님에 대한 찬미의 내용을 담고 있으며 종결 부분인 송영에는 또다시 하나님께서 기도를 들어주신 데 대한 감사의 내용을 담고 있다. 그리고 '주기도'의 대부분을 차지하는 간구는 모두 일곱 가지로 되어 있는데 처음 세 가지는 하나님과 관계되는 것이고, 이어지는 네 가지는 인간의 일상적인 관심사와 관계된 것이다.

이를 보다 세분하여 보면 첫 번째 기원은 예배의 대상이 되는 하나님의 이름에 대한 간구이고, 두 번째 기원은 하나님의 지배가 임하기를 원하는 간구이며, 세 번째 기원은 하나님의 뜻의 실현을 원하는 간구이다.

이처럼 먼저 하나님에 대한 기원이 나오는 것은 성도 생활의

제일의 관심사가 하나님이어야 함을 보여 준다. 이어지는 네 번째 기원은 일용할 양식에 대한 간구이고, 다섯 번째 기원은 죄 사함에 대한 간구이며, 여섯 번째 기원은 사단의 시험에서 구원받기를 원하는 간구이고, 마지막 일곱 번째 기원은 악에서 보호받기를 간구하는 내용이다.

이처럼 하나님께서는 성도들에게 자신과 이웃들에 대한 문제를 기도하게 함으로써 축복의 길을 열어 주셨다.

이제 주기도문 분석에 들어가기에 앞서 강조하고자 하는 것은 그리스도께서 성도에게 주신 가장 고귀한 선물 가운데 하나인 '주기도'를 잘못 사용함으로써 오히려 죄를 짓는 일이 없어야 한다는 것이다. 즉 그 심오한 내용에 별반 관심을 두지 않고 형식적으로 암송하는 것이나 주기도 자체에 어떤 주술적인 힘이 있는 것처럼 미신적으로 외우는 것은 엄히 경계하여야 한다. 그리스도께서도 이방인과 같이 중언부언하는 기도를 금하셨다(**마태복음 6장 7절**). 그러나 이는 주기도 사용을 자제하라는 의미는 절대 아니다. 우리는 주님께서 직접 가르치셨을 뿐 아니라 교회의 역사를 통하여 아주 중요시되었고 오늘날에 이르기까지 널리 사용되는 '주기도'를 바로 사용함으로 더 큰 은혜를 체험하여야 한다.

≫ 분석 | 마태복음 6장 9절 A

그러므로 너희는 이렇게 기도하라

그러므로 : 본문에 앞서 서술한 내용의 결론을 나타내는 접속사이다. '그러므로'는 앞의 중언부언하는 기도, 외식하는 기도, 형식적인 기도가 아니라 실질적인 기도의 모범을 보여 주고 있다.

너희는 : 여기에서 '너희는'은 5절부터 7절까지 언급한 사람들과 다른 '제자들'이거나 '예수님을 주님으로 고백하는 천국 백성'들을 지칭한다. '너희는'이 바로 이어지는 명령형인 '기도하라'의 주체이다. 이렇게 기도해야 하는 자가 바로 '너희'이고 '너희'는 오늘날 '우리'이거나 '나'여야 하는 것이다.

이렇게 : 앞 기도의 내용과 다른 능력 있는 기도, 즉 예수님의 기도 방법을 강조하고 있다. 이것은 '이처럼'이라는 고정된 형식으로서의 기도가 아니라 이러한 모범이 되는 예를 주님이 설명해 주시는 것이다. 즉, 주기도문의 틀을 가지고 폭넓고 풍성하게 기도하라는 것이다. 왜냐하면 이 기도가 고정된다면 이것이 어떤 형식이 되고 심지어 '주문의 우상'이 될 수 있기 때문이다.

기도하라 : 현재 명령형이다. 그러므로 지금 쉬지 말고 계속 기도하라는 의미를 지닌다. 즉, 주기도문을 틀을 가지고 외우고 암송하는 것이 아니라, 항상 하나님과 쉼 없이 교제하고 소통하라는 것이다.

결론 | 적용하기, 나누기

● 형식적인 주기도문 암송이 아니라, 주님이 가르쳐준 기도가 시대를 초월하여 오늘날에도 하나님이 완전하게 들으시는 능력 있는 기도임을 경험하는 성도들이 됩시다.

제2계명 ▪ 주님을 믿어라!
「 하나님은 항상 우리와 동행하심 」

본문 읽기 l 마태복음 6장 9절 B

하늘에 계신 우리 아버지여

도입 l 생각하기

예화 ▪ 결코 혼자가 아니다.

아메리카 인디언들은 소년들의 용기를 훈련하는 독특한 방법을 썼습니다. 이들은 소년들에게 숲속에서 야생동물들과 함께 밤을 지내게 만들면서 소년들의 담력을 키웠습니다. 시험을 받는 날 밤, 소년은 얼마나 무서움을 느꼈겠습니까? 그러나 날이 밝아오면서 소년은 그의 아버지가 가까운 나무 뒤에서 화살을 당긴 채 지키고 있음을 보게 되었습니다. 아들 몰래 아버지는 아들에게 위험이 닥치지 않게 하려고 밤새워 지키고 있었던 것입니다.

출처 : 네이버 블로그, 주의 뜰

▶ 질문 : 여러분에게는 어떤 '아버지'가 기억에 남아 있나요?

본문 l 수용하기

"하늘에 계신 우리 아버지여"라는 주기도문의 서두는 그다음에 이어지는 모든 기도의 적절한 전제가 된다. 주기도문의 서두는 기도의 대상이 되시는 분이 누구인가를 제시하며, 기도의 대상인 하나님과 기도를 드리는 성도와의 관계를 명확히 보여 준다. 즉 기도하는 자는 마땅히 기도의 대상이신 주님을 향해 자녀의 영을 유지해야 하는 것이다.

"하늘에 계신 우리 아버지여" 먼저 이 도입부에 내재하여 있는 신앙의 내용을 살펴보자. 이것은 하늘에 계셔서 인간으로서는 가까이 할 수 없는 위대한 하나님이 큰 은혜를 베푸셔서 기꺼이 우리의 기도를 들어 주신다는 것을 함축적인 표현을 사용하여 알려 준다. 그리고 우리 아버지로서의 주님께 기도하게 한 것은 자녀 된 우리에게 주님의 사랑과 권능을 베풀어 주실 것을 확실히 보장해 준다. 따라서 이는 우리가 하나님에 대한 무한한 신뢰와 애정과 경건한 주의력을 고무시키며, 기도의 효력에 대한 확신을 굳게 한다.

"보라 아버지께서 어떠한 사랑을 우리에게 베푸사 하나님의 자녀라 일컬음을 받게 하셨는가"(**요한일서 3장 1절**) 하나님은 인간의 창조주이시기 때문에 당연히 모든 인간에 대해 부권을 가지신 아버지이시다.

"우리는 한 아버지를 가지지 아니하였느냐 한 하나님께서 지으신 바가 아니냐"(**말라기 2장 10절**) "그러나 여호와여, 이제 주는 우리 아버지시니이다 우리는 진흙이요 주는 토기장이시니 우리는 다 주으로 손으로 지으신 것이니이다" (**이사야 64장 8절**)

아무리 불경건하고 타락한 자라 하더라도 죄악된 것을 청산하고 탕자처럼 돌아오기만 하면 기꺼이 맞아 줄 사랑하는 아버지가 있다는 것을 보장해 주는 것이 바로 위에서 열거한 성경 구절이다. 주님께서는 까마귀의 울음소리도 들으시는데(**시편 147편 9절**) 어찌 이성적인 피조물의 요청에 못 들은 척하시겠는가? 마술사 시몬도 아직 "악독이 가득하며 불의에 매인 바"되었을 때 사도로부터 그 악함을 회개하고 하나님께 기도하라는 지시 받았다.(**사도행전 8장 22절 – 23절**)

그렇지만 오직 그리스도인만이 기도의 깊이를 체험하며 그 완전한 의미를 알 수 있다. 그것은 그와 하나님 사이에는 단순히 자연적인 부자 관계보다 다음과 같은 더 높은 관계가 만들어지기 때문이다.

첫째, 하나님은 영적으로 믿는 자들의 아버지가 되신다. 둘째, 하나님은 그 택하신 자들의 아버지가 되시는데 왜냐하면 하나님이 그들의 주 예수 그리스도의 아버지이시기 때문이다.(에베소서 1장 3절)

그래서 그리스도께서 "내가 내 아버지 곧 너희의 아버지, 내하나님 곧 너희의 하나님께로 올라간다"(요한복음 20장 17절)라고 명백히 알리셨다. 셋째, 하나님은 다음과 같은 영원한 작정(decree)에 의해 그 택하신 자들의 아버지가 되신다. "그 기쁘신 뜻대로 우리를 예정하사 예수 그리스도로 말미암아 자기의 아들들이 되게 하셨으니"(에베소서 1장 5절) 넷째, 하나님은 그 택하신 자들이 다시 태어나 "신의 성품에 참예 하는 자"(베드로후서 1장 4절)가 되는 중생(regeneration)에 의해 그들의 아버지가 되신다.

"너희가 아들이므로 하나님이 그 아들의 영을 우리 마음 가운데 보내사 아빠 아버지라 부르게 하셨느니라"(갈라디아서 4장 6절) 따라서 주기도문의 "우리 아버지"라는 말씀은 영적 자녀의 지위를 의미할 뿐만 아니라 영적 자녀 된 자로서 의무가 있음을 뜻하기도 한다. 그뿐만 아니라 이러한 표현은 하나님께 기도할 때 하나님을 향해 취해야 할 성도의 바른 태도와, 거룩한 행위를 하여야 함을 가르쳐준다. 즉 주님의 자녀로서 육신의 아버지보다 훨씬 더 주님을 '공경'해야 하며(출애굽기 20장 12절, 에베소서 6장 1절-3절 참고) 주님께 순종해야 하고, 주님 안에서 기뻐해야 하며 매사에 주님을 기쁘시게 하려고 애써야 하는 것이다.

또한 '우리 아버지'라는 어귀는 완전히 은혜로 아버지가 되신 하나님에 대한 개인적인 관심뿐만 아니라, 그리스도 안에서 형제가 된 성도에 관한 관심에 대해서도 가르쳐준다. 내가 기도하는 대상이 '내 아버지'일 뿐만 아니라 '우리 아버지'이기도 한 것이다. 우리는 형제들을 위해 기도함으로써 그들에 대한 우리의 사랑을 나타내야 한다. 우리는 우리 자신이 필요한 것에 신경을 쓰는 만큼 그들이 필요한 것에도 신경을 써야 한다.

한편 "하늘에 계시는"이라는 표현은 앞에서 본 "우리 아버지"

란 어구와 균형을 이룬다. "우리 아버지"란 표현이 하나님의 선하심과 은혜에 관한 것이라면, "하늘에 계시는"이란 어구는 하나님의 위대하심과 위엄에 관한 것이다. 즉 전자가 하나님과 우리와의 관계의 긴밀함과 친밀함에 대해 가르쳐 주고 있다면, 후자는 하나님이 우리보다 무한히 존귀하신 분이시라는 것을 알려 준다. "우리 아버지"라는 말씀이 확신과 사랑을 불러일으킨다면, "하늘에 계신"이라는 말은 우리를 겸손과 경외의 마음으로 가득 채울 것이다.

이 두 가지는 항상 우리의 정신과 마음에 함께 있어야 한다. 만약 후자 없이 전자만 있으면 거룩하지 못한 채 친밀함에 쏠리기 쉽다. 또한 전자 없이 후자만 있다면 냉랭함과 두려움만 남게 될 것이다. 따라서 전, 후자가 서로 조화를 이룰 때 두 가지 종류의 불행으로부터 보호받게 되는 것이다. 하나님의 긍휼과 능력, 그 헤아릴 수 없는 사랑과 측량할 수 없는 고귀함을 함께 올바르게 묵상할 때 영혼에 적절한 균형이 잡혀 유지되는 것이다. 사도 바울이 바로 그와 같은 복된 균형 상태를 어떻게 유지

했는지는 그가 성부 하나님을 묘사하기 위해 다음과 같은 말씀을 사용한 것을 보면 알 수 있다.

"우리 주 예수 그리스도의 하나님, 영광의 아버지"
에베소서 1장 17절

한편 "하늘에 계신"이란 표현은 하나님이 하늘에만 속하여 계신다는 것이 아니다. 솔로몬의 말을 상기해 보라. "하나님이 참으로 땅에 거하시리이까 하늘과 하늘들의 하늘이라도 주를 용납하지 못하겠거든 하물며 내가 건축한 이 성전이오리이까"(**열왕기상 8장 27절**) 하나님은 무한하시며 무소부재하시다. 그러나 특별한 의미로 하나님 아버지께서는 "하늘에" 계신다. 왜냐하면 그곳이야말로 주님의 위엄과 영광이 가장 뛰어나게 드러나는 곳이기 때문이다. "여호와께서 이와 같이 말씀하시되 하늘은 나의 보좌요 땅은 나의 발판이니"(**이사야 66장 1절**) 이것을 깨달을 때 반드시 우리는 가장 깊은 경배심과 경외감에 가득 차게 된다. "하늘에 계신"이란 말씀은 우리 아버지가 전능하신 분이시기 때문에 우리를 책임져 주실 수 있다는 것을 선포한다.

"오직 우리 하나님은 하늘에 계셔서 원하시는 모든 것을 행하셨나이다"
시편 115편 3절

그러나 주님은 전능하신 분이심에도 불구하고 "우리 아버지"로서 자비를 베푸신다.

"아비가 자식을 긍휼히 여김 같이 여호와께서는 자기를 경외하는 자를 긍휼히 여기시나니"
시편 103편 13절

"너희가 악할지라도 좋은 것을 자식에게 줄 줄 알거든 하물며 너희 하늘 아버지께서 구하는 자에게 성령을 주시지 않겠느냐"
누가복음 11장 13절

마지막으로 "하늘에 계신 우리 아버지"라는 이 복된 말씀에서 우리는 하늘을 향해 나아가는 나그넷길에 있다는 것을 기억하게 된다. 우리의 고향은 바로 하나님이 계신 하늘이기 때문이다.

결론 | 적용하기, 나누기

● 하늘에 계신 우리 아버지! 하나님과 우리 관계를 우리는
어떻게 생각하며 살고 있나요? '아버지'와 '아들' 또는 '딸'의
관계로서 하나님 아버지에 대한 우리의 영적인 관계를 다시
정립해 봅시다. 그리고 그 아버지에 대하여 '나의 신실한 고
백'을 해 봅시다.

예수님의 기도 십계명

03영광을 돌려라!

제 3계명 · 영광을 돌려라!

「 인생의 궁극적 행복은 주께 영광 돌리는 것 」

본문 읽기 | 마태복음 6장 9절 C

그러므로 너희는 이렇게 기도하라

하늘에 계신 우리 아버지여

이름이 거룩히 여김을 받으시오며

도입 | 생각하기

꽃 김춘수

내가 그의 이름을 불러 주기 전에는
그는 다만
하나의 몸짓에 지나지 않았다.

내가 그의 이름을 불러 주었을 때
그는 나에게로 와서
꽃이 되었다.

내가 그의 이름을 불러 준 것처럼
나의 이 빛깔과 향기에 알맞은
누가 나의 이름을 불러다오.
그에게로 가서 나도
그의 꽃이 되고 싶다.

우리들은 모두
무엇이 되고 싶다.
너는 너에게 나는 너에게
잊혀지지 않는 하나의 눈짓이 되고 싶다.

▶ 질문1 : 이 시는 매우 어려운 질문을 하고 있습니다. 존재론
적 명명 행위에 대해서 말하고 있는데, 혹시 여러분
은 이름을 불러주면 좋은가요? 호칭이 좋은가요?
그리고 왜 그런가요?

▶ 질문2 : 아브라함 링컨이 사람은 40이 넘으면 자신의 얼굴
에 책임을 져야 한다고 했습니다. 여기서 얼굴은 이
름과 동일합니다. 어떤 사람의 '이름'을 생각하면 그
사람이 어떤 사람인지 그 사람을 잘 아는 사람은 연
상이 되지요? 여러분이 아는 사람 중 그 사람의 이
름만 들으면 편한 사람이 있나요? 아니면 그 사람의
이름을 듣거나, 목소리가 들리면 피하고 싶은 사람
이 있나요?

모범적인 기도 : 일곱 개의 기원

"이름이 거룩히 여김을 받으시오며"는 그리스도의 모범적인 기도에 포함된 기원 중 첫 번째 것이다. 주기도문에는 일곱 가지의 기원이 있으며 이 기원들은 의미상으로는 각각 세 개와 네 개의 두 그룹으로 나눠진다.

즉 처음 세 개의 기원은 하나님께 관계되는 것인데, 첫 번째 아버지의 이름이 거룩하게 되는 것이고, 두 번째는 아버지의 나라가 오게 하는 것이며, 세 번째는 아버지의 뜻이 이루어지길 원하는 간구이다. 뒤의 네 개의 기원은 우리 자신의 일상적인 관심사에 관계되는 것이다. 연결하면 네 번째는 일용할 양식, 다섯 번째는 죄 사함, 여섯 번째는 시험에 빠지지 않는 것, 일곱 번째는 악에서 보호받기를 원하는 간구이다.

원문 분석과 해석

하기야스테토 토 오노마 수 ἁγιασθήτω τὸ ὄνομά σου : 순서대로 번역하면, '거룩하게 하옵소서 / 이름 / 당신의' 이다. 그러니까 우리 어순대로 하면 '당신의 이름을 거룩하게 하옵소서'라고 표현할 수 있다.

우리는 이인칭이 발달하지 않았고, 이인칭을 쓰면 예의가 없다고 생각해 하나님을 '당신'이라고 표현하는 것을 금하고 있다. 즉, 6장 9절 본문의 말씀처럼 아버지인 당신, 그 이름이 거룩히 여김을 받으시길 원한다는 뜻이다.

의문 : 사람이 하나님의 이름을 거룩하게 할 수 있는가? 절대로 그런 일은 없다. 사람은 하나님의 이름을 거룩하게 할 수 있는 능력이 없다. 이 본문을 오해하면 수동태로 생각해서 하나님이 우리 때문에 거룩해진다고 오해할 수 있으나, 헬라어의 고유한 특징의 문법상 이 문장은 '신적 수동태'로서 그분이 스스로 자신의 이름을 거룩하게 할 행위와 결과가 존재한다는 것이다.

거룩한 아들(예수)의 소망 : 저들도 거룩하게 하소서. "9 내가 그들을 위하여 비옵나니 내가 비옵는 것은 세상을 위함이 아니요 내게 주신 자들을 위함이니이다 그들은 아버지의 것이로소이다 17 그들을 진리로 거룩하게 하옵소서 아버지의 말씀은 진리니이다 19 또 그들을 위하여 내가 나를 거룩하게 하오니 이는 그들도 진리로 거룩함을 얻게 하려 함이니 이다."

요한복음 17장 9절, 17절, 19절

이 기도문이 간구라는 것을 간과해서는 안 된다. 아버지 하나님이 거룩하심은 이미 우리 가운데 드러나 있다. 우리가 기도했기 때문에 하나님이 거룩해지는 것이 아니라, 하나님의 그 거룩하심이 우리의 기도를 통해서 우리 속에서 '확인'되어야 하는 것이다. 우리의 기도와 상관없이 하나님이 우리에게로 오시는 것 자체가 거룩함이다. 그리고 하나님은 우리와 같은 죄악을 가진 자의 죄성을 모두 뚫고 들어오셔서 그 거룩함을 확인시키시는 것이다.

첫 번째 간구를 통해서 하나님의 거룩하심을 우리의 모습과 우리의 삶에서 확인해야 하고 증명해야 한다. 하나님이 거룩한 것이 내가 거룩하게 사니까, 내가 거룩한 행동을 하니까 그분이 거룩해지는 것이 아니라, 이미 거룩한 그 하나님을 우리가 우리의 일생을 두고 확인하고 증명하고 간증하는 것이 거룩한 삶이다. 이 세상에는 이미 하나님의 임재가 편만하다. 그리고 모든 자연물은 하나님을 증명하고 있다. 그분이 창조주라는 것을. 그와 마찬가지로 이미 선포되고 역사 된 하나님의 그 거룩하심이 세상 가운데 있고, 우리 가운데 있는 그것을 진리이신 그분의 말씀과 실재하는 진리이신 예수님을 통해 우리의 삶에서 확인하고, 간구하는 것이 이 기도인 것이다.

오해 : 지금도 우리는 도덕과 윤리적인 삶의 내용을 가져다 붙여서 '내가 그렇게 살면 나로 인해 하나님이 영광 받으시겠지'라고 오해한다. 아니다! 절대 아니다! 그것은 도덕과 윤리일 뿐이다. 우리는 언제 어떻게 거룩해지는가? 그것은 하나님의 이름이 거룩한 것을 내가 주체가 아니라 하나님이 주체가 되셔서 그 일

을 나로 인하여 이루어 나가실 때이다. 그때 하나님이 거룩함을 받으심과 동시에 그 거룩한 하나님의 역사에 내가 동원되는 것이다.

나는 하나님의 나라의 주인이거나 주체가 아니라, 영원한 객체이다. 그분이 주체이며 그분이 주인이시며 그분이 주관하셔야 한다. 나는 그 거룩에 동참하는 은혜를 체험하는 인생일 뿐이다. 가령, 내가 전심으로 그분을 예배하는 것이 '거룩'이다. 나는 예배의 주인이 아니라, 그 예배에서 아버지를 찬양하는 존재이고, 아버지를 기뻐하는 존재여야 하고 아버지 때문에 사는 존재여야 한다. 온몸으로 그분이 드러나는 것이다. '나'란 존재가 부인되는 자리여야 한다. 이것을 더 쉬운 말로 하면 요한복음에 나오듯 진리인 그분의 말씀에 '충성'하는 것이고 '순종'하는 것이다. 앞서가는 것이 아니다. 오직 그분의 말씀에 온전히 순종하는 것이다.

하나님의 목적 : 지금 우리가 기도하는 내용이 아버지가 거룩히 여김을 받는 것이다. 그것은 죄 많은 우리가 그 자리로 가야

하는 것을 의미한다. 기도란 하나님께 나를 바꿔 달라는 간구이지 않은가? 그렇다면 하나님의 거룩은 그를 아버지로 부르는 우리가 모두 거룩으로 나가길 원하는 아버지의 입장에서 그 아버지를 닮기 원하는 그분의 소망이다. 그래서 이 간구처럼 '아버지의 이름이 거룩히 여김'을 받는 것같이 우리 또한 그 아버지의 속성인 거룩하기를 원하시는 것이다. 즉 우리의 처지에서 거룩은 '아버지를 닮는 것' 그리고 '닮기 위해서 일생을 몸부림치는 것'이 거룩이다. 그런 우리의 모습 속에 '아버지의 형상'이 내재돼 있는 것이 이 기도의 목적이다.

거룩의 방법 : 이미 충분히 거룩하신 그 아버지를 찾을 때, 소원할 때만이 거룩이 나오는 것이다. 팔복에 나와 있듯이 하나님의 얼굴을 구하는 자만이 청결한 자요, '하나님의 얼굴을 볼 수 있는 자'이다.

"나는 너희의 하나님이 되려고 너희를 애굽 땅에서 인도하여 낸 여호와라 내가 거룩하니 너희도 거룩할지어다"

레위기 11장 45절

결론 | 적용하기, 나누기

● 우리의 인생에서 하나님을 닮아가기 위한 결단을 통해
예배와 기도, 그리고 아버지 집의 일꾼으로서 온전한 헌신
과 봉사를 시작합시다.

예수님의 기도 십계명
04 주님을 부르라!

제 4계명 ▪ 주님을 부르라!
「 주님의 이름은 인생을 온전하게 함 」

본문 읽기 ▎마태복음 6장 9절 C

그러므로 너희는 이렇게 기도하라

하늘에 계신 우리 아버지여

이름이 거룩히 여김을 받으시오며

도입 ▎생각하기

예화 ▪ 믿음의 가문과 불신의 가문

한 인류학자가 미국에서 살았던 두 사람을 추적하여 조사한 내용이다. 먼저, 그는 호기심을 가지고 미국의 신앙인들 가운데 "조나단 에드워즈"라는 믿음의 사람과 그 가정을 조사했다. 그는 프린스턴 대학의 총장이었고 미국에서 일어난 영적 대 각성 운동과 부흥을 이룬 시기에 가장 큰 영향력을 행사했던 믿음의 사람이었다.

그의 부인도 신앙 좋기로 유명했으며 그들은 믿음의 가정을 이루었고 그들의 자녀들도 믿음으로 잘 양육을 했다. 이 학자는 그 후손들이 어떤 신앙의 삶을 살았는지 그 후손들을 세밀히 조사하였다.

믿음의 사람 조나단 에드워즈가 죽은 지 150년이 지난 후에 그의 후손들은 모두 896명이었다. 그들의 삶을 조사 한 결과 그의 후손들은 목회자와 선교사 116명, 대학 총장이 12명, 대학교수 65명, 의사 60명, 군 장성과 장교 75명, 문학 및 저술가 85명, 판사와 변호사 130명, 정부 관리 80명, 상하 의원 5명, 부통령 1명, 그리고 평범한 신앙인들이 267명으로 나왔다. 조나단 에드워즈 가문은 그야말로 믿음의 가문이었다.

또 다른 한 사람인 "마크스 슐츠"란 사람을 조사했다. 그는 조나단과 같은 교회 학교에 잠시 출석하다가 신앙생활을 중단하고 말았다. 그는 신앙과 상관없는 여자와 결혼하고 방탕의 길을 걸었다. 그는 뉴욕에서 유명한 술집을 경영하였다고 한다.

그의 후손은 모두 1,292명인데 조사 결과가 충격적이고 불행의 가문이었다. 어린이 사망 309명, 생활 보호 대상 310명, 매춘부 50명, 정신병과 알코올 중독 58명, 교도소 5년 이상 복역 96명(살인 7명), 불학 무식자 412명, 평범한 삶을 산 사람은 53명뿐이었다. (출처: 조나단 에드워즈와 마크 슐츠의 후손을 비교한 연구, A.E. 윈십(Albert E. Winship)의 저서 "Jukes-Edwards: A Study in Education and Heredity"(1900))

▶질문 : 위의 예화는 우연의 일치일까요? 아니면 믿을만한
　　　근거가 있는 것일까요? 함께 나누어보고, 거룩함은
　　　유전될 수 있는지 서로 의견을 말해 봅시다.

아버지 하나님, 그 이름의 거룩함 (정리)

앞에서 나눴던 것처럼 하나님은 어떤 업적과 행위를 통해서 거룩한 것이 아니라, 그 스스로 거룩함의 조건과 결과를 모두 가지고 계신 분이기에 거룩한 것이다. 단지, 우리는 그분의 백성이요, 자녀로서 그 하나님의 거룩함을 이 땅에서 확인하는 것일 뿐이요, 그것은 축복과 은혜를 가지고 있는 삶인 것이다.

거룩함의 시작, 예수 그리스도

15 오직 너희를 부르신 거룩한 이처럼 너희도 모든 행실에 거룩한 자가 되라 **16** 기록되었으되 내가 거룩하니 너희도 거룩할지어다 하셨느니라 **17** 외모로 보시지 않고 각 사람의 행위대로 심판하시는 이를 너희가 아버지라 부른즉 너희가 나그네로 있을 때를 두려움으로 지내라 **18** 너희가 알거니와 너희 조상이 물

려 준 헛된 행실에서 대속함을 받은 것은 은이나 금 같이 없어질 것으로 된 것이 아니요 19 오직 흠 없고 점 없는 어린 양 같은 그리스도의 보배로운 피로 된 것이니라   베드로전서 1장 15절 - 19절

나는 너희의 하나님이 되려고 너희를 애굽 땅에서 인도하여 낸 여호와라 내가 거룩하니 너희도 거룩할지어다

레위기 11장 45절

9 네가 적군을 치러 출진할 때에 모든 악한 일을 스스로 삼갈 지니 10 너희 중에 누가 밤에 몽설함으로 부정하거든 진영 밖으로 나가고 진영 안에 들어오지 아니하다가 11 해 질 때에 목욕하고 해 진 후에 진에 들어올 것이요 12 네 진영 밖에 변소를 마련하고 그리로 나가되 13 네 기구에 작은 삽을 더하여 밖에 나가서 대변을 볼 때에 그것으로 땅을 팔 것이요 몸을 돌려 그 배설물을 덮을지니 14 이는 네 하나님 여호와께서 너를 구원하시고 적군을 네게 넘기시려고 네 진영 중에 행하심이라 그러므로 네 진영을 거룩히 하라 그리하면 네게서 불결한 것을 보시지 않으므로 너를 떠나지 아니하시리라   신명기 23장 9절 - 14절

레위기의 말씀에 하나님이 우리를 애굽 땅에서 인도하여 내신 목적을 말씀하고 계신다. '하나님'이 되려고, 즉 우리의 '아버지'가 되려고 인도했다고 하신다. 그리고 나는 거룩하다, 그러니까 '너희도 거룩하라'고 명령하신다. 그리고 레위기에서 그 방법이 정결 예식으로 즉 먹는 것, 입는 것, 또는 환경에 대해 깨끗함을 강조하시면서 말씀하신다.

외적 조건의 깨끗함이 내적인 환경을 정결하게 할 수 있을까? 사실 이것이 이스라엘 백성에게는 불가능했다. 그러나 하나님 아버지는 왜, 외적 조건을 동원하셔야 했을까? 그것은 내적인 완전한 정결함을 준비하기 위함이다. 우리도 삶에서 온몸을 자주 씻는다.

창조주 하나님은 우리의 삶의 양식 속에서 '정결함'을 만들어 놓으셨다. 우리는 몸이 더러운 것을 참지 못하고 냄새나면 바로 씻어야만 한다. 그것을 견디지 못한다. 그러나 내적인 더러움은 우리의 옷과 환경으로 숨기고 살기에 사람들은 알 수 없다. 그래서 옷이라는 것 (이 옷은 바로 예수 그리스도, 창세기 3장의 가죽옷)이 없으면, 즉 가리는 것이 없으면 우리는 얼마나 부끄럽고 창피한 인생일까? 오늘도 우리는 가리면서 산다. 그 가려짐이 은혜요, 감사이다. 그런데 이 가려짐은 우리의 내면을 결국 완전하게 씻기 위한 상징이요, 전제이다.

신명기에서 전쟁에 나갈 때 진영을 거룩하게 하는 방법이 대변(大便)을 덮는 것이다. 그런데 덮었다고 해서 다 깨끗해진 것은 아니다. 그 안에 대변이 있다. 그런데 그렇게 하면 거룩하다고 인정하신다는 것이다. 그것은 무엇인가? 주님이 그의 피로 우리를 다 덮으셨다. 그 덮은 변은 1년이 지나면 아마 없어질 것이다. 다 썩고 분해되어서 흙이 되어 있을 것이다.

우리가 주님 안에 있으면(반드시 주님 안이어야 한다) 우리는 우리도 모르게 그 모든 죄악이 무너지고 없어지는 것이다. 이게 창조 원리 안에 있는 하나님의 속죄 구속사이다.

여호와 하나님이 아담과 그의 아내를 위하여 가죽옷을 지어
입히시느라   창세기 3장 21절

가죽옷을 지어 입히시는 주체가 하나님이시다. 죄를 범한 아담과 하와, 그 범죄에 대해 고통스러워하는 저들에게 주시는 은총이다. '가죽옷'을 입히기 위해서는 가죽을 제공하는 존재를 '죽여야한다. 하나님이 직접 죽여야 하는 것이다. 그렇게 죽인다고 하는 것은 그를 죽일 만큼 '우리, 죄인'을 사랑하신다는 증거이다.

거룩이 이 땅에서 시작되는 자리 : 십자가

하나님의 거룩함을 확인하는 자리가 어디냐? 그 구체적인 자리가 바로 예수 그리스도가 죽는 '십자가'의 자리이다. 우리는 아버지의 거룩함을 확인하는 자리가 '십자가'라는 것을 기억해야 한다. 십자가의 의미는 적극적으로는 '하나님의 사랑'이며 그것이 이 땅에서는 죄 없는 자의 '희생'이었다. 오늘 우리가 이 땅에서 확인해야 하는 아버지의 거룩함은 예수님처럼 '십자가'를 지는 자리이다.

그것은 이제는 우리 때문이 아니다. 우리로 하여 또 다른 하나님의 백성을 회복시키는 것이다. 우리가 예수 그리스도로 말미암아 사죄의 은총을 받아 거룩한 백성이 되었다. 가려 주신 은혜가 영원함으로 연결되었다. 그러한 하나님을 '아버지'라고 부르는 자, 그 부르심을 받은 자들은 예수 그리스도 안에서 '날마다 죽는다'. 이것은 선택이 아니라 반드시 필연적으로 가야 할 길이다. 거룩한 길이다. 좁은 문이다. 여기로 가야 하는 것이 거룩이다. 그래야만 주님 때문에 우리가 살아난 것처럼, 우리의 '십자가'의 희생이 또 다른 '하나님의 자녀'를 부르는 부르심의 '도구'가 될 수 있다. 앞에서 본 믿음의 후손들은 믿음의 선조들이 주님 안에서 '하나님 아버지의 거룩함'을 확인했다. 십자가는 우리가 가야 할 길이고, 그 십자가의 길이 또 다른 생명을 살리는 길이다.

예수께서 이르시되 내가 곧 길이요 진리요 생명이니 나로 말미암지 않고는 아버지께로 올 자가 없느니라

요한복음 14장 6절

이 땅에서 의미 있는 존재가 되었다는 것이 중요한 것이 아니라, 그들이 바라본 예수님께서 그들을 그 거룩함의 힘과 능력으로 세상을 섬기는 자로 세워준 것이 중요한 것이다. 세상을 섬기기 위해서는 주님과 동행이 필요하고, 주님과 동행한 하나님의 사람들은 그 열매가 삶 가운데 빛과 소금으로 나타나는 것은 오직 하나님의 은혜의 결과물일 뿐이다. 오늘도 아버지의 거룩함을 확인하라. 그 확인의 시작은 예수 안의 '십자가'만이 가능함을 기억하라.

결론ㅣ적용, 결단과 기도

● 아버지의 거룩함은 우리 힘으로 확인하지 못합니다.
예수 안으로 들어가 그분의 십자가를 지는 삶으로
세상을 '사랑과 희생'으로 섬깁시다.

예수님의 기도 십계명
05 하늘을 소망하라!

제 5계명 ▪ 하늘을 소망하라!
「 하늘 아래 사는 인생의 축복 비결 」

본문 읽기 ㅣ 마태복음 6장 10절 A

나라가 임하시오며 뜻이 하늘에서 이루어진 것 같이
땅에서도 이루어지이다

도입 ㅣ 생각하기

예화 ▪ 엄마의 품에 안김같이

최근에 뉴욕을 방문했다가 올랜도 집으로 돌아올 때 섬뜩한 경험을 했다. 비행기를 타고 돌아오는데, 폭우를 동반한 엄청난 천둥과 번개가 쏟아졌다. 내 옆자리에 젊은 엄마가 앉아 있었고 그녀는 어린 아들을 무릎에 안고 있었다. 나는 몹시 무서웠지만 애써 태연한 척했다.

비행 중에 가장 흥미로웠던 것은 그 어린아이였다. 아이는 그런 상황을 전혀 무서워하지 않고 오히려 엄마와 즐거운 시간을 보내기에 바빴다. 함께 장난을 치는가 하면, 비행기가 난기류를 만나 심하게 흔들릴 때도 재미있다는 듯 깔깔대며 웃었다. 그리고 더욱 놀라웠던 것은 폭풍우로 기체가 가장 심하게 요동치던 그 시각에도 엄마의 가슴에 안겨 자고 있었다는 사실이다.

때로 우리는 똑바로 하는 데만 너무 신경을 쓴 나머지 가장 중요한 것은 규칙이 아니라는 점을 잊어버린다. 특히 자녀를 향한 부모의 사랑은 규칙이 아니다. 그 비행기에 탔던 어린아이가 심한 폭풍우 속에서도 엄마의 품에 안겨 잠을 자기 위해 어떤 자격이나 조건이 필요했던 것은 아니다.

전날에 자신이 했던 나쁜 짓들을 용서받아야만 잘 수 있다든
지, 엄마에게 아름답다거나 훌륭하다 등의 아부를 떨어야만 잘
수 있는 것도 아니다. 그저 엄마와 함께 있다가 졸리면 가슴에
기대어 자면 그만이다.

출처 : 하나님을 누리는 기쁨, 스티브 브라운

▶ 질문 : 우리의 평강, 또는 평안의 근거는 어디인가요?

세상적 조건인가요? 주님인가요?

진솔하게 나누어 봅시다.

본문 | 수용하기

첫 번째 기원과 두 번째 기원과의 관계

"이름이 거룩히 여김을 받으시오며"라는 첫 번째 기원이 하나
님의 영광 자체에 관심을 가지지만, 이어지는 두 번째와 세 번
째 기원은 주님의 영광이 지상에 나타나 퍼지는 수단과 관계가

있다. 하나님의 이름이 뚜렷이 나타나게끔 영광을 받는 것은 하나님의 나라가 우리에게 임하며 하나님의 뜻이 우리에 의해 이루어지는 것과 같은 현상이다. 그렇다면 이 기원과 그 앞의 첫 번째 기원과의 관계는 분명해진다. 그리스도께서는 먼저 하나님의 위대한 이름을 거룩하게 하는 것을 위해 기도하라고 가르치셨다. 그리고 주님은 연이어 그 방법을 위해서도 기도하라고 지시하신다.

자발적 굴복

하나님의 영광을 확장하는 수단 가운데서 그 나라가 임하는 것만큼 영향력이 확실한 것은 없다. 그래서 그리스도께서는 우리에게 "먼저 그의 나라와 그의 의를 구하라"(마태복음 6장 33절)라고 권고하신다. 그러나 이 땅에서 하나님의 이름을 영화롭게 하는 것을 인간 스스로 할 수가 없다. 하나님의 나라가 먼저 그 마음에 세워져야 하기 때문이다. 우리가 주님의 통치에 자발적으로 굴복하기 전에는 하나님이 우리에 의해 영광을 받으실 수 없는 것이다.

아버지의 나라는 그리스도의 나라

"나라가 임하옵시며" 여기에서 나라는 누구의 나라를 가리키고 있는가? 분명히 그것은 성부 하나님의 나라이지만, 성자 예수 그리스도의 나라와 별개의 것으로 생각해서는 안 된다. "살아계신 하나님의 교회"(디모데전서 3장 15절)가 그리스도의 몸 이외의 것이 아닌 것처럼, "하나님의 복음"(로마서 1장 16절)이 "그리스도의 복음"과 다르지 않은 것처럼, "그리스도의 말씀"(골로새서 3장 16절)이 "하나님의 말씀"과 구별되지 않는 것처럼, 아버지의 나라도 그리스도의 나라와 다를 바 없다.

"아버지의 나라"라는 그리스도의 말씀이 뜻하는 것은 그리스도의 나라와 하나님의 나라를 구별하려는 것이 아니라 하나님의 나라를 어두움과 무질서의 나라인 사단의 나라(마태복음 12장 25절-28절)와 날카롭게 구별하려는 것이다. 사단의 나라는 하나님의 나라와 성격상 반대가 될 뿐 아니라 투쟁해야 하는 적이기도 하다.

아버지 나라의 점진적 확정과 확장
- 성도 개인의 영적 역사 -

아버지의 나라는 첫째는 일반적, 자연적 계시로 하나님의 우주적 통치, 즉 모든 피조물에 대한 하나님의 절대적인 지배를 뜻한다. "여호와여 위대하심과 권능과 영광과 승리와 위엄이 다 주께 속하였사오니 천지에 있는 것이 다 주의 것이로소이다 여호와여 주권도 주께 속하였사오니 주는 높으사 만물의 머리이심이니이다"(역대상 29장 11절)

둘째는 특별 계시로, 그것은 이 지상에 있는 주님의 은혜의 영적 영역을 뜻한다. 즉 이는 주님의 택하심에 의해 베풀어 주시는 은혜를 깨달을 수 있는 자들을 통해 외면적으로 인식된다. "대답하여 이르시되 천국의 비밀을 아는 것이 너희에게는 허락되었으나 그들에게는 아니 되었나니"(마태복음 13장 11절) "이르시되 하나님 나라의 비밀을 너희에게는 주었으나 외인에게는 모든 것을 비유로 하나니"(마가복음 4장 11절)

셋째로는 더욱 확정적인 명시적, 주권적 섭리로 그것은 영적이면서 내적인 하나님의 나라인데, 여기는 거듭남에 의해 들어가게 된다. "사람이 물과 성령으로 나지 아니하면 하나님의 나라에 들어갈 수 없느니라"(요한복음 3장 5절) 아버지와 아들이 본질상 하나인 것처럼 그 나라도 같다. 따라서 각 양상에도 그렇게 나타난다. 섭리의 양상에 관해 "내 아버지께서 이제까지 일하시니 나도 일한다"(요한복음 5장 17절)라는 말씀은 세상의 통치에 있어서 성부와 성자께서 협력하는 것을 뜻한다(히브리서 1장 3절).

하나님의 나라는 특정한 곳(교회)만이 아니라 세상 전체여야 함

그리스도께서는 이제 그 아버지께서 맡기시고(누가복음 22장 29절) 세우심으로써(시편 2편 6절) 왕의 중재적 지위에 계신다. 그러므로 그 나라가 특정적으로 하나님 백성들의 마음에 세워진 은혜의 다스림으로 간주할 때, "하나님의 나라"(고린도전서

4장 20절)라는 명칭과 함께 "그의 사랑의 아들의 나라"(골로새서 1장 13절)로 불리는 것은 옳다. 궁극적인 영원한 영광이라는 측면에서 그 나라를 보면서 그리스도께서 "내 아버지의 나라에서" 우리와 함께 포도나무에서 난 것을 마시겠다고 말씀하셨지만(마태복음 26장 29절), 그것은 "우리 주 곧 구주 예수 그리스도의 영원한 나라"(베드로후서 1장 11절)라고도 불린다. 따라서 다음과 같은 말씀이 우리에게는 완전히 자연스럽게 보여야 한다.

"세상 나라가 우리 주와 그의 그리스도의 나라가 되어"(요한계시록 11장 15절) "여기서 그 나라의 양상 중 어느 것이 아직 미래적인 것으로 이해되고 있느냐?"라고 질문할 사람이 있을 것이다.

왜냐하면 그 나라는 태초부터 이미 존재해 왔고 지금도 계속되고 있기 때문이다. 그러나 하나님의 은혜의 다스림이 새 하늘과 새 땅(베드로후서 3장 13절)에서 하나님의 영원한 영광 중에 완성될 것이라는 의미에서 그 나라는 미래적임이 틀림없다. 그

때에는 그 나라의 시민으로서 성도의 전인격(영혼과 육체)이 계시된 하나님의 뜻에 자발적으로 복종하여 우리를 다스리는 주님의 통치가 완전하게 된다. 그러나 그 나라의 영원한 영광을 누리려면 이 땅에서 사는 날 동안 주님의 은혜로운 다스림에 개인적으로 복종해야 한다. 이러한 하나님의 다스림을 받는 사람은 다음 세 가지 특징을 지니게 된다.

"하나님의 나라는 먹는 것과 마시는 것이 아니요 오직 성령 안에 있는 의와 평강과 희락이라"(로마서 14장 17절) 이러한 현재의 은혜의 다스림을 체험하는 사람은 믿음으로 주님께 기꺼이 순종하게 된 사람으로서 그리스도의 의가 그에게 전가되어 의로운 자가 된다는 특징을 지닌다. 더욱이 성령께서 그를 거룩하게 했기 때문에, 다시 말해 하나님의 영광을 위한 거룩한 새 삶을 시작하도록 그를 따로 구별했기 때문에 그는 선한 양심의 의도 소유하게 된다.

하나님 나라를 경험한 자의 열매 : 평강

이러한 사람은 또한 평강을 누린다는 특징을 지닌다. 이것은 하나님을 향한 양심의 평안이며 하나님의 백성들과 맺는 평화로운 관계이며 모든 사람과 더불어 화평을 좇는 것이다. "모든 사람과 더불어 화평함과 거룩함을 따르라 이것이 없이는 아무도 주를 보지 못하리라"(**히브리서 12장 14절**) 이 개인적인 경건한 평강은 하나님께 사랑받은 자로서 모든 사랑의 의무에 주의를 기울임으로써 유지된다.

"대답하여 이르되 네 마음을 다하며 목숨을 다하며 힘을 다하며 뜻을 다하여 주 너의 하나님을 사랑하고 또한 네 이웃을 네 자신 같이 사랑하라 하였나이다"(**누가복음 10장 27절**) "피차 사랑의 빚 외에는 아무에게든지 아무 빚도 지지 말라 남을 사랑하는 자는 율법을 다 이루었느니라"(**로마서 13장 8절**) 의와 평강의 결과로서 하나님의 은혜를 체험한 사람은 또한 성령 안에서의 희락을 누리는 자라는 특징을 지니는데 이것은 모든 삶의 상황과 변화 중에서도 하나님 안에서 기쁨을 누리는 것이다 **(빌립보서 4장 10절-14절, 디모데전서 6장 6절-10절)**

결론 | 적용, 결단과 기도

● 평강하길 원하시나요? 그러면 하나님의 나라가 임하시는 하나님의 백성처럼 하나님의 통치에 그 주권을 내어 드리십시요. 그 방법은 이 땅에서 그리스도를 통하여 하나님의 나라 즉, 그 섬김을 경험하고 그 거룩으로 자신을 낮추는 것입니다.

제 6계명 ▪ 땅을 축복하라!
「땅의 저주를 푸는 주기도」

본문 읽기 | 마태복음 6장 10절 B

나라가 임하시오며 뜻이 하늘에서 이루어진 것 같이
땅에서도 이루어지이다

도입 | 생각하기

예화 ▪ 하나님의 통치

2차 대전 당시 독일의 히틀러는 '게르만 민족 우월론'을 주장

하면서 죄 없는 유태인들을 핍박했습니다. 수많은 유태인이 폴란드의 아우슈비츠 수용소에서 죽어갈 때 그들이 눈물을 뿌리며 던진 질문은 이것입니다. '하나님, 지금 어디 계십니까? 하나님이 왜 이런 고통을 허용하셨는지 모르겠습니다.' 그 후 연합군이 이 수용소를 탈환한 후 내부를 조사하다가 한쪽 벽에 쓰여 있는 찬송가 가사를 보고 깜짝 놀랐습니다.

어느 그리스도인이 그의 신앙의 고백으로 기록해 놓은 구절이었습니다. '그 크신 하나님의 사랑 말로 다 형용 못하네.' 하나님의 사랑? 이 지옥 같은 수용소에서 하나님의 사랑이라니 웬 말입니까? 그러나 또 다른 곳에도 이런 글자가 선명하게 쓰여 있었습니다. '하나님은 여기에 계십니다.' 하나님께서는 이 땅을 통치하십니다. 비록 하나님의 통치권이 미치지 않는 절망적인 영역이 있다고 생각할 수도 있지만 사실 그런 곳은 존재하지 않습니다. 다만 우리가 그것을 깨닫지 못하고 사는 것입니다. 실망스럽고 답답한 상황이라 할지라도 믿음의 눈을 가지고 현실 속으로 들어와 계시는 하나님을 찾아보기 바랍니다.

"내가 나의 영혼이 번민하고 종일토록 마음에 근심하기를 어느 때까지 하오며 내 원수가 나를 치며 자랑하기를 어느 때까지 하리이까"　　　　시편 13편 2절 / 출처 : 다음카페, 여의도 침례교회

▶ 질문 : 절망과 고통 속에서도 하나님의 통치를 인정하고
　　고백할 수 있는 믿음이 있나요?
　　진솔하게 나눠 봅시다.

본문ㅣ수용하기

뜻이 하늘에서 이루어진 것 같이
땅에서도 이루어지이다

〰 세 가지 기원의 정리

세 번째 기원을 첫 번째와 두 번째 기원과 연결해보면,

1) 하늘에서 아버지의 이름이 거룩한 것처럼 땅에서도
   아버지의 이름이 거룩한 것이며,

2) 하늘에서 하나님의 나라가 이루어진 것처럼,
   땅에서도 하나님의 나라가 이루어지길 기도하며,

3) 아버지의 뜻이 하늘에서 이루어진 것처럼, 땅에서도
   이루어지길 원한다는 것으로 정리할 수 있다.

물론, 원어상으로 3가지의 경우는 종결어로 끝을 맺고 있지만 내용상으로 본문의 '뜻'은 하나님의 뜻이기 때문에 앞서 두 가지의 기원과 연결될 수 있다.

〰 하나님의 뜻은 이루어지고 있는가? 하나님의 뜻은 하늘에서 이루어지고 있다. 그다음 대구를 이루고 있는 '땅에서가' 문제이다. 그러면 땅에서도 하나님의 뜻은 이루어져야 하는가? 아니면 하나님의 뜻이 이루어지는 방법이 한계가 있는 것인가? 신학적으로 정리하자면, 하나님의 뜻은 땅에서도 완전하고 온전하게 이루어진다. 그 뜻을 정하고 이루시는 분이 하나님이시기

때문이다. 그런데 주님은 왜 이런 기도를 하시고, 또한 제자들에게 가르치고 계시는가? 하나님의 나라에서는 하나님의 뜻이 당연히 이루어져야 한다. 그 하나님의 나라를 이 땅에서 이루어 가는 방법이 '하늘나라'와 조금 다르다. 하늘에 있는 하나님의 나라는 우리가 상관하거나 관심 가질 일은 아니다. 그것은 장차 우리가 알게 될 것이고 확인할 것이다. 여기, 이 땅에서의 하나님의 나라는 어떻게 이루실 것인가? 그것을 완전하게 이루어 가시기 위해서 하나님은 어떤 방법을 원하시는가?

〰️ 땅에서 이루시는 하나님의 나라. 이 땅에서 하나님의 뜻을 이룸의 첫 시작은 바로 예수 그리스도이다. 그분이 하나님의 말씀에 오직 순종함으로 여기에 오셨다.

1 율법은 장차 올 좋은 일의 그림자일 뿐이요 참 형상이 아니므로 해마다 늘 드리는 같은 제사로는 나아오는 자들을 언제나 온전하게 할 수 없느니라 2 그렇지 아니하면 섬기는 자들이 단번에 정결하게 되어 다시 죄를 깨닫는 일이 없으리니 어찌 제사

드리는 일을 그치지 아니하였으리요 **3** 그러나 이 제사들에는 해마다 죄를 기억하게 하는 것이 있나니 **4** 이는 황소와 염소의 피가 능히 죄를 없이 하지 못함이라 **5** 그러므로 주께서 세상에 임하실 때에 이르시되 하나님이 제사와 예물을 원하지 아니하시고 오직 나를 위하여 한 몸을 예비하셨도다 **6** 번제와 속죄제는 기뻐하지 아니하시나니 **7** 이에 내가 말하기를 하나님이여 보시옵소서 두루마리 책에 나를 가리켜 기록된 것과 같이 하나님의 뜻을 행하러 왔나이다 하셨느니라 **8** 위에 말씀하시기를 주께서는 제사와 예물과 번제와 속죄제는 원하지도 아니하고 기뻐하지도 아니하신다 하셨고 (이는 다 율법을 따라 드리는 것이라) **9** 그 후에 말씀하시기를 보시옵소서 내가 하나님의 뜻을 행하러 왔나이다 하셨으니 그 첫째 것을 폐하심은 둘째 것을 세우려 하심이라 **10** 이 뜻을 따라 예수 그리스도의 몸을 단번에 드리심으로 말미암아 우리가 거룩함을 얻었노라 **(히브리서 10장 1절-10절)**

하나님의 뜻이 이루어짐의 시작을 예수님으로부터 시작하여 그가 모형이 되었다. 그리고 그의 제자들에게 지금도 하나님의 뜻이 이 땅에서 지속해서 이루어지고 있다. 그러니까 하나님은 하나님의 뜻을 어떤 힘과 능력으로 세우시고 이루시는 것이 아니라, 하나님의 백성, 그 연약한 하나님의 자녀들을 통해서 오늘 이루시는 것이다.

그러므로 여기 하나님의 뜻을 소원하는 세 번째의 기도문은 그러한 하나님의 뜻이 예수 그리스도의 이름으로 죄인인 우리의 몸에서 이루어지기를 소원하고 간구하는 것이다. 분명코 하나님의 뜻은 궁극적으로는 반드시 이루어진다. 그것은 계시된 성경을 통해 확인할 수 있다. 그러한 하나님의 뜻이 이루어질 수 있는 거룩한 도구, 거룩한 사람들을 찾고 계시며, 예수님의 제자들이 그러한 자리에 가기를 소망하여 순종을 요구하고 있다.

ko 땅에서 이루시는 하나님의 뜻, 그 시작은 거룩!

21 진리가 예수 안에 있는 것 같이 너희가 참으로 그에게서 들

고 또한 그 안에서 가르침을 받았을진대 23 오직 너희의 심령이 새롭게 되어 24 하나님을 따라 의와 진리의 거룩함으로 지으심을 받은 새 사람을 입으라(에베소서 4장 21절, 23절 – 24절)

하나님의 뜻을 이 땅에서 이루시기 위해 하나님의 뜻 자체이신 예수님이 오셔서 우리를 선택하셨다. 그리고 하나님의 뜻을 그 안에서 알게 하시고 이제 그 뜻을 순종으로 세워가길 원하신다. 그래서 기도란 이론이나 사변이 아니라, 거룩한 행동의 원동력이고, 에너지가 되는 것이다. 24절에 '하나님을 따라'는 '하나님의 뜻을 따라'이다. 이 하나님의 뜻을 따라서 의, 진리, 거룩으로 나가야 하는데, 그 출발이 예수 그리스도이다. 예수님을 쫓아가면 여기에 도달한다.

그래서 오늘 우리는 주님이 가르쳐준 세 번째 기원 속에서 하나님의 뜻이 '예수님'을 통해 이루어지고 완성되는 것을 확인할 수 있다. 그래서 아버지의 뜻을 순종했던 주님의 그 순종을 배우고 익혀서 가장 근원적인 순종을 통해 거룩한 백성으로 살 때, 지금 여기서 우리가 '아버지의 뜻'을 이루어 낼 수 있는 것이다.

〰️ 아버지의 뜻은 실제이다.

거룩은 '능력'으로 나타난다. 그 능력은 하나님이 원하시는 이 땅의 우리의 삶이다. 우리의 삶에 가장 중요한 것은 '예수님의 십자가'이다. 십자가는 단지 희생으로 끝나는 것이 아니라, 부활이라는 첫 열매를 통해 많은 열매가 맺혀져야 한다. 이제 우리 또한 하나님의 뜻이 이루어지는 영적인 환경을 알았다. 그것은 예수 그리스도가 우리에게 내준 몸이다. 그리고 그가 보여 준 자기 몸을 찢어 놓는 열정적인 사랑이다. 아버지의 뜻이 실재하기 위해서는 우리 또한 그 길을 소원하고 가야 한다. 좁은 문, 십자가의 길이 우리에게 복음이다. 왜, 이것이 우리에게 복음이 되어야 하는가? 주님이 이 길을 가시면서 그 길이 진리, 생명이라고 분명히 말씀하시고 가셨다. 우리도 그 길을 가야 한다. 아니, 그 길이 복이다. 그 길이 복인 것은 주님이 이미 증명하셨다. 이제 우리는 다 확인했다. 염려하지 말고 가면 된다.

주님이 그 길에서 놀라운 은혜와 복을 준비하고 계신다는 것을 잊지 말자. 하나님의 뜻이 바로 이것이다.

십자가의 도가 멸망하는 자들에게는 미련한 것이요 구원을 받는 우리에게는 하나님의 능력이라 **(고린도전서 1장 18절)**

결론 l 적용, 결단과 기도

● 하나님께서는 하나님의 뜻이 지금 예수 그리스도를 통하여 우리 몸에 우리 삶에, 우리 가족에, 우리 교회에 이루어지길 원하십니다. 그것을 결단하고 기도하면서 주님의 십자가를 넉넉히 지는 풍성한 삶을 소원합시다.

예수님의 기도 십계명

07 양식을 구하라!

제 7계명 ▪ 양식을 구하라!

「하나님의 위대한 공급」

본문 읽기 | 마태복음 6장 11절

오늘 우리에게 일용할 양식을 주시옵고

도입 | 생각하기

예화 ▪ 하나님의 공급

성경 번역과 문맹 퇴치 사역을 시작하려는 도티와 에드 포우

웰은 문화 적응 훈련을 위해 서아프리카의 한 작은 마을에 들어 갔습니다. 그 마을에는 불어를 할 줄 아는 사람이 단 두 사람뿐 이었고 기온은 섭씨 50도를 웃돌았습니다.

그곳에서 도티는 이질로 앓아눕게 되었습니다. 무더운 열기 와 그곳 음식에 익숙하지 못해 소화를 잘 시키지 못하여 음식을 잘 먹지 못했기 때문에 그녀의 온몸은 기운이 없었고 그녀가 만 난 불행 때문에 분노와 함께 자기 연민의 정으로 눈물을 자주 흘 렸습니다. 절망에 빠진 그녀는 주님께 부르짖었습니다. "주님, 제가 할 수 있는 것은 무엇입니까?" 그때 주님의 대답이 들려왔 습니다.

"아픈 그대로 지내라."

그녀는 할 수 없이 그 대답을 받아들이기로 결심했습니다. 그 마을의 추장은 정령 숭배자였습니다. 그러나 도티가 음식을 먹 지 못하고 이질로 앓아누워있다는 소식을 듣고는 크게 염려하 면서 가까운 교회에서 두 명의 그리스도인을 불러 그녀를 위해 기도하도록 허락했습니다.

원래 그 마을 사람들은 교회를 심하게 핍박해왔기 때문에 이 것은 뜻밖의 일이었습니다. 그리스도인들의 기도로 도티가 회 복되자 추장은 그 마을에서 불어를 할 줄 아는 두 사람에게 교회 에 가도 좋다는 허락을 했습니다. 복음을 들은 두 사람 중 한 사 람은 예수를 믿게 되었습니다. 이 일을 통해 도티는 하나님께서 요구하시는 것이 오직 신실함뿐임을 알게 되었습니다. 그녀의 연약함을 하나님께서는 보충해 주셨습니다. 도티는 하나님의 공급하심을 보다 잘 이해하게 되었고, 시험과 고난 속에서도 어 떻게 신실한 삶을 살아야 하는지를 배우며 믿음의 시련이 인내 를 만들어낸다는 진리를 이해하게 되었습니다.

우리는 도티와 그의 동료 에드 포우웰가 병을 앓지 않고 열심 히 전도한 것보다 더 쉽게 복음을 전파할 수 있었다는 것을 알게 됩니다. 추장이 반대하고 마을 주민들이 믿기를 거부하고 그들 을 반대하면 무슨 수로 전도를 할 수 있었겠습니까? 하나님께서 는 우리들의 어리석은 아이디어나 조급함에 따라 역사하시지 않습니다. 그분의 깊은 뜻에 따라 우리가 일하기를 원하십니다. 우리가 당한 환란 속에서도 하나님의 깊은 뜻이 숨이 있음을 믿는 것이 참 믿음이라 할 것입니다.

하나님의 어리석음이 사람보다 지혜롭고 하나님의 약하심이 사람보다 강하니라 (고린도전서 1장 25절) (출처: 토마스 D 리의 Main Idea로 푸는 히브리서, 야고보서 중에서)

▶ 질문 : 하나님의 공급을 인정한다면 빵을 위한 헌신이 아니라, 주를 위해 헌신할 수 있나요?

본문 ┃ 수용하기

오늘

이 기도는 오늘의 문제를 말하기 때문에 가장 먼저 나온다. 1979년 노벨 평화상을 받은 마더 테레사는 "어제는 지나갔으며,

내일은 우리의 능력 밖에 있고, 오늘만이 그리스도의 영광을 위해 있다."라고 말하므로 오늘 충성할 것을 권하고 있다. 우찌무라 간조(일본의 신학자)는 "하루는 곧 일생입니다. 좋은 일생이 있는 것처럼 좋은 하루도 있습니다. 불행한 일생이 있듯이 불행한 하루도 있습니다. 하루를 짧은 일생으로 보아 오늘을 등한히 여기지 마십시오."라고 했다. 내일은 부도수표와 약속어음에 불과하다. 오늘만이 보증수표이기에 오늘에 충성해야 한다. 마찬가지로 주님도 오늘을 위한 기도를 먼저 하라고 우리에게 가르쳐 주셨다.

우리에게

일용할 양식을 '나에게' 달라고 기도하라고 가르치지 않으시고, '우리에게' 주시기를 기도하라고 가르치셨다. 이는 선교적인 의미이다. 선교의 시작은 내 것을 나누는 것이다. 물질을 나누고, 은혜를 나누고 진리의 복음을 나누는 것이다. 남아서가 아니라, 하나님이 나에게 주신 모든 것을 나누는 것이 선교이기 때문이다. 선교는 '사랑'으로 드러나야 하기 때문이다.

우리 모두에게 일용할 양식이 있어야 한다. 모든 나라의 사람들에게 일용할 양식이 골고루 있어야 한다. 그러므로 바울은 "가난한 자에게 구제할 수 있도록 자기 손으로 수고하여 선한 일을 하라"(에베소서 4장 28절)고 권면하고 있다.

일용할 양식

일용할 양식은 무엇인가? 밥이나 빵, 하루 세끼의 양식인가? 마틴 루터는 일용할 양식의 개념을 확대했다. 그는 인간을 구성하고 있는 세 가지 요소에 대해 다음과 같이 설명했다. "평강의 하나님이 친히 너희를 온전히 거룩하게 하시고 또 너희의 온 영과 혼과 몸이 우리 주 예수 그리스도께서 강림하실 때에 흠 없게 보전되기를 원하노라(데살로니가전서 5장 23절)라는 말씀에 따라 우리 인간은 영, 혼, 육으로 구성되어 있다. (때로는 삼분설이라기보다 영육으로 나누기도 한다. 이 부분은 굳이 생물학적으로 나누기 보다 성경에 근거해서 글을 정리한 것이니 양해 바란다) 이는 마치 달걀이 노른자위, 흰자위, 껍질로 되어 있는 것과 같다. 그래서 인간에게는 세 가지 양식이 다 필요하다."이처럼 루터는 일용할 양식의 정의를 확대했다. 그러면 일용할 양식에 대해서 알아보자.

❶ **영의 일용할 양식** : 이는 말할 것도 없이 하나님의 말씀이다. 유명한 기도 중에 "하나님! 영을 위하여 하나님의 말씀을 먼저 먹지 않고는 육의 양식을 절대로 먹지 않게 하옵소서"라는 기도가 있다. 그만큼 영의 양식이 중요하다는 말이다.

파스칼은 "모든 사람의 마음속에는 공허가 자리 잡고 있다. 주께서 내 마음속에 오셔서 나를 채울 때까지 나는 참 만족을 모르는 인생이었다."라고 고백했다. 그는 말씀을 먹기 전에는 무신론적인 실존론자였다. 이때 그는 자신의 공허함을 몇 번이나 고백했다. 그런데 그에게는 불치의 안질에 걸려 고생하는 여동생이 있었다. 어느 날 파스칼은 주님의 십자가가 스쳐 지나가는 환상을 보게 되었다. 그런데 공교롭게도 그 십자가의 끝이 여동생의 눈을 건드리고 지나갔다. 파스칼은 너무나 생생하고 신비하여 여동생을 불러 물었다. "네 눈에 아무 이상이 없니?" 그때 동생이 "오빠! 나도 모르겠어요. 갑자기 눈이 깨끗이 나았어요."라고 말했다. 이때 파스칼이 유명한 말을 했다. "나는 철학자의 하나님을 믿지 않고 살아계신 하나님, 아브라함의 하나님, 이삭의 하나님, 야곱의 하나님을 믿노라." 그의 무신론적 실존주의가 유신론적 실존주의로 바뀌었다. 그가 죽고 나서 발견된 것인데 그의 옷깃마다 "영의 일용할 양식은 바로 하나님의 말씀입니다. 모든 인류에게 이 말씀이 필요합니다."라고 적혀 있었다.

❷ 지적(이성적)의 일용할 양식 : 정신적으로도 일용할 양식이 있다. 영은 뜨거운데 지식이 없으면 맹목적으로 되기 쉽다. 그러므로 언제나 한 손에는 성경이 한 손에는 이성적 지식이 있어야 조화로운 삶을 살 수가 있다.

❸ 육의 일용할 양식 : 하나님은 영의 양식에만 관심을 기울이지 않는다. 만나도 주시고, 물도 주시고, 메추라기도 주시는 것은 모두 육을 위한 것이다. 주님께서 병을 고쳐주시고, 오병이어의 기적을 베풀어 주신 것도 같은 맥락에서 해석할 수 있다.

우리는 영, 혼, 육의 일용할 양식을 하나님께 구해야 한다.

일용할 양식을 구한다는 것의 의미

❶ **재물에 의지하지 말라** : 이스라엘 백성들이 광야 생활을 할 때 하나님께서 그들에게 만나를 내려 주셨다. 그런데 이에 대해 "오멜로 되어 본즉 많이 거둔 자도 남음이 없고 적게 거둔 자도 부족함이 없이 각 사람은 먹을 만큼만 거두었더라"(**출애굽기 16장 18절**)라고 하였다. 미래를 대비해 재물을 너무 많이 쌓아놓는다는 것은 내일 역사할 하나님의 능력을 제한하는 것이다. 조지 뮬러는 이 세상에서의 93년 5개월간의 생애 가운데 5만 번이나 기도 응답받았던 기도 응답의 기록보유자였다.

그는 2,000명의 고아를 쌓아놓은 재물 없이, 또 재산도 없이 먹여 살린 고아의 아버지이기도 하였다. 아침이면 산책하며 길거리에서 굶고 있는 고아들을 데려다가 아침을 먹이며 성경 공부를 시켰다. 고아들을 먹이던 곳이 후에는 고아원이 되었고, 성경 공부를 시키던 곳이 후에 성경학교가 되었다. 뮬러는 늘 기도로 간구하여 2,000명의 고아의 일용할 양식을 해결했다.

일용할 양식을 구하라는 말은 재물을 의지하지 말라는 말이다. 평생 먹을 것이란 먹을 것을 다 먹어 보았고, 가지고 싶은 것은 무엇이든지 가져 보았고, 보고 싶은 것은 모두 보았던 솔로몬은 그의 경험담을 이렇게 털어놓았다. "부자 되기에 애쓰지 말고 네 사사로운 지혜를 버릴지어다 네가 어찌 허무한 것에 주목하겠느냐 정녕히 재물은 스스로 날개를 내어 하늘을 나는 독수리처럼 날아가리라"(잠언 23장 4절-5절) 결코 물질을 의지하지 말라는 것이다.

❷ **일용할 양식을 구하라는 말은 하나님께 맡기라는 것이다 :** 솔로몬 시대의 유명한 시인이었던 아굴은 이렇게 말했다. "내가 두 가지 일을 주께 구하였사오니 내가 죽기 전에 내게 거절하지 마옵소서 곧 헛된 것과 거짓말을 내게서 멀리 하옵시며 나를 가난하게도 마옵시고 부하게도 마옵시고 오직 필요한 양식으로 나를 먹이시옵소서 혹 내가 배불러서 하나님을 모른다 여호와가 누구냐 할까 하오며 혹 내가 가난하여 도둑질하고 내 하나님

의 이름을 욕되게 할까 두려워함이니이다"(잠언 30장 7절-9절)
그는 오직 필요한 양식을 너무 많지도, 너무 적지도 않게 적당
히 달라고 기도하고 있다. 이것은 언제나 하나님께 맡기라는 의
미이다. 주께서는 이 문제에 대해서 언급하고 계시다.

"그러므로 염려하여 이르기를 무엇을 먹을까 무엇을 마실까
무엇을 입을까 하지 말라 이는 다 이방인들이 구하는 것이라 너
희 하늘 아버지께서 이 모든 것이 너희에게 있어야 할 줄을 아시
느니라 그런즉 너희는 먼저 그의 나라와 그의 의를 구하라 그리
하면 이 모든 것을 너희에게 더하시리라"(마태복음 6장 31절-
33절) 일용할 양식을 달라고 하나님께 기도하라는 말은 모든 것
을 맡기고 살라는 말이다.

어느 목사님의 간증이다. 출처는 불분명하지만 여러 설교에
서 자주 등장하는 일용할 양삭에 관한 간증이다. "6·25 때의 일
입니다. 공산당이 쳐들어와 저는 재빨리 낟가리 속으로 숨었습
니다. 그런데 사흘이 지나도 공산당이 갈 생각을 안 하더군요.
저는 몹시 배가 고팠습니다. 그래서 '하나님! 일용할 양식을 주

세요!'라고 기도하였더니 닭이 곁에 와서 달걀을 낳았습니다. 그래서 달걀을 먹었습니다. 그리고 '하나님! 또 주세요!'라고 또다시 기도하였더니 또 일용할 양식을 주셨습니다. 저는 공산당이 갈 때까지 이렇게 살았습니다."라고 한다. "네 길을 여호와께 맡기라 그를 의지하면 그가 이루시고 네 의를 빛 같이 나타내시며 네 공의를 정오의 빛 같이 하시리로다"(시편 37장 5절-6절) 하나님을 의지하고 맡기며 나가는 자에게 반드시 일용할 양식을 주신다.

❸ **욕심을 부리지 말라는 것이다** : 우리는 물질 만능주의가 만연한 시대에 살고 있다. "일용할 양식을 주옵소서!"라는 기도는 이 시대와는 어울리지 않는다. 영국의 처칠 수상이 택시를 잡아타고 방송국에 가려고 운전사에게 "방송국까지 갑시다"라고 했더니 "죄송합니다. 곧 나올 처칠 수상의 방송을 들어야겠기에 못 가겠습니다."라고 대답했다. 처칠은 하도 다급해서 "돈을 두 배로 줄 테니 갑시다."그랬더니 운전기사는 "처칠이고 방송이고 돈이 최고다"하며 갔다고 한다.　　출처 : 네이버 블로그, 허니스

우스갯소리지만, 사람들은 너무나 탐욕스럽게 물질을 요구하고 있다. "거머리에게는 두 딸이 있어 다오 다오 하느니라"(잠언 30장 15절) 이는 달라고만 하는 인생을 비유하는 말씀이다.

또 "족한 줄을 알지 못하여 족하다 하지 아니하는 것 서넛이 있나니 곧 스올과 아이 배지 못하는 태와 물로 채울 수 없는 땅과 족하다 하지 아니하는 불이니라"(잠언 30장 15-16절) (1) 스올─지옥은 영혼을 계속 삼켜도 끝이 없다. (2) 아이 배지 못하는 태─계속해서 달라는 요구를 중단할 줄 모른다. (3) 물로 채울 수 없는 땅─땅은 계속해서 물을 부어도 흔적 없이 흡수해 버린다. (4) 불─아무리 태워도 끝과 만족이 없다. 욕심을 부리지 말고 일용할 양식을 구해야 한다. 스코틀랜드의 시인인 로버트 번즈는 일용할 양식을 놓고 이렇게 기도했다. "오 하나님! 어떤 사람은 먹을 것이 있는데 먹을 수 있는 능력이 없습니다. 또 어떤 이는 먹을 수 있는 능력이 있는데 먹을 것이 없습니다. 그러나 하나님! 저에게는 먹을 것을 주실 뿐만 아니라 먹을 수 있는 능력까지 주셨으니 참으로 감사합니다."

바울은 "그러나 자족하는 마음이 있으면 경건은 큰 이익이 되느니라 우리가 세상에 아무것도 가지고 온 것이 없으매 또한 아무것도 가지고 가지 못하리니 우리가 먹을 것과 입을 것이 있은즉 족한 줄로 알 것이니라"(디모데전서 6장 6절-8절) "돈을 사랑하지 말고 있는 바를 족한 줄로 알라 그가 친히 말씀하시기를 내가 결코 너희를 버리지 아니하고 너희를 떠나지 아니하리라 하셨느니라" (히브리서 13장 5절)

❹ **하나님은 만물의 기증자이시다** : 하나님은 주시기를 즐겨하시는 분이시다. 태양도, 바다도, 공기도, 수목도 거저 주시는 분이시다. 마실 물을 주신 것도 감사한데 놀 수 있는 물도 주셨다. 죄로 말미암아 즉사시키지 않은 것도 감사한데 영생까지 주셨다. 주시다, 주시다 사랑하는 외아들까지 주셨다. "자기 아들을 아끼지 아니하시고 우리 모든 사람을 위하여 내주신 이가 어찌 그 아들과 함께 모든 것을 우리에게 주시지 아니하겠느냐"(로마서 8장 32절) 하나님은 모든 것을 주시는 분이시다.

그러므로 '주옵소서'라는 기도가 가능한 것이다. "너희가 나를 택한 것이 아니요 내가 너희를 택하여 세웠나니 이는 너희로 가서 열매를 맺게 하고 또 너희 열매가 항상 있게 하여 내 이름으로 아버지께 무엇을 구하든지 다 받게 하려 함이라"**(요한복음 15장 16절)**

일용할 양식은 영의 양식과 혼의 양식과 육의 양식을 구하는 기도이며, 이 기도의 의미는 재물을 의지하지 말고 하나님께 맡기며 욕심을 부리지 말라는 것이다. 하나님은 만물의 기증자이시기 때문이다.

결론 ┃ 적용, 결단과 기도

● 하나님의 공급을 매일의 삶을 통해 소원하듯이 내 영적인 공급도 소원하여 하나님의 백성으로 온전히 살아가도록 기도하고 실천합시다.

제 8계명 ▪ 용서받고 용서하라!

「 주님과 화해는 세상과도 화목하게 함 」

본문 읽기 ┃ 마태복음 6장 12절

우리가 우리에게 죄 지은 자를 사하여 준 것 같이

우리 죄를 사하여 주시옵고

도입 ┃ 생각하기

예화 ▪ 용서

한 젊은 부인이 어느 골목에서 어떤 청년에게 큰 봉변을 당했습니다. 신고받은 경찰들이 즉시 현장으로 달려왔습니다. "어떻게 생긴 사람입니까? 어서 말해 보세요" 부인은 정신없이 외쳤습니다. "곱슬머리예요. 곱슬머리!" 그때 마침 그곳을 우연히 지나가던 곱슬머리 청년 하나가 의심을 받고 경찰에 연행되었습니다. 뒤늦게 경찰서로 달려온 부인의 남편은 너무나 분하고 원통하여 들어서자마자 곱슬머리 청년을 두들겨 팼습니다. 길길이 뛰며 틈도 안 주고 사정없이 내려치는 부인의 남편을 그때 경찰이 말리지 않았다면 청년은 맞아 죽었을지도 모릅니다. 너무나 순식간에 일어난 일이었습니다.

며칠 후, 곱슬머리 진짜 범인이 잡혔고 이 청년에게는 아무 죄가 없음이 밝혀져 풀려나게 되었습니다. "네 이놈들을 그냥 두나 봐라! 죄도 없는 나를 두들겨 패?" 곱슬머리 청년은 이를 갈며 복수하겠다고 다짐합니다. 칼을 사서 가슴에 품고 눈을 부릅뜨고 "복수! 복수!"하는 아들을 어머니가 보았습니다.

"애야, 너는 하나님을 믿는 사람이잖니. 그런데 복수하겠다니……." "너무 억울해서 그래요. 그놈을 기어코 죽이고 말거예요." "모르고 그랬잖니? 예수님은 자기를 죽인 사람들까지도 용서했잖니!" "어머니, 말리지 마세요. 나는 너무 억울해요." 어머니는 아들의 마음을 돌이키려고 애를 썼지만 막무가내였습니다.

어느 날 밤, 이상한 소리에 곱슬머리 청년이 잠을 깼습니다. 옆방에서 들려오는 울음소리는 어머니의 기도 소리였습니다. "하나님, 제발 제 아들의 마음을 돌이키셔서 원수를 사랑하게 하소서." 어머니는 몇 날 며칠을 아들을 위해 눈물로 밤을 새우며 기도하고 있었던 것입니다. 어머니의 간절한 기도 소리를 한참 듣던 아들은 갑자기 벌떡 일어나 옆방으로 뛰어가 어머니를 와락 끌어안고 울음을 터트렸습니다.

"어머니, 그동안 제가 잘못했어요. 그러니 울음을 거두세요. 엉엉" "오냐 오냐 하나님이 내 기도를 들어 주셨구나" 그러면서도 두 모자는 한참이나 울음을 멈추지 않았습니다. 그때, 갑자기 방문이 벌컥 열리더니 또 한 사람이 뛰어 들어와 두 사람을 함께 끌어안고 통곡을 터트렸습니다. 봉변당한 여인의 남편, 청년을 두들겨 팼던 사람이었습니다.

"난 틀림없이 당신이 복수하기 위해 나를 죽일 것으로 생각하고 그래서 내가 먼저 당신을 어떻게 해 보려고, 오늘 밤 숨어 들어온 것입니다……. 그런데 으흐흑! 자, 이 칼로 당신을 죽이려 했습니다. 이제는 이 칼로 나를 죽여도 좋습니다."그러면서 부인의 남편은 품속에서 무시무시하게 날이 선 칼을 꺼내 놓았습니다. 일이 이렇게 된 것을 안 세 사람은 다시 한번 끌어안고 이번에는 기쁨과 감격의 눈물을 흘렸습니다. 방바닥에는 두 개의 칼이 번득이고 있었습니다.

출처: 네이버 블로그, 푸르산 푸른강

▶ 질문 : 원수까지 사랑하라고 하셨는데, 우리는 우리에게
    실수하거나 잘못한 사람을 다 용서할 수 있을까요?
    진솔하게 대답해 봅시다.

본문 | 수용하기

우리가 우리에게 죄 지은 자를 사하여 준 것 같이 우리 죄를
사하여 주시옵고

원어에서 죄는 '오페일레마 ὀφείλημα (opheílēma)'로 문자적으
로는 부채를 의미한다. 즉, 죄는 하나님께 진 부채이다. 하나님
께서는 그것을 갚아 주셨다. 이와 연결된 말씀은 마태복음은 18
장 21절-34절의 말씀이다.

21 그 때에 베드로가 나아와 이르되 주여 형제가 내게 죄를 범
하면 몇 번이나 용서하여 주리이까 일곱 번까지 하오리이까 **22**
예수께서 이르시되 네게 이르노니 일곱 번뿐 아니라 일곱 번을
일흔 번까지라도 할지니라 **23** 그러므로 천국은 그 종들과 결산
하려 하던 어떤 임금과 같으니 **24** 결산할 때에 만 달란트 빚진
자 하나를 데려오매 **25** 갚을 것이 없는지라 주인이 명하여 그
몸과 아내와 자식들과 모든 소유를 다 팔아 갚게 하라 하니 **26**
그 종이 엎드려 절하며 이르되 내게 참으소서 다 갚으리이다 하

거늘 **27** 그 종의 주인이 불쌍히 여겨 놓아 보내며 그 빚을 탕감하여 주었더니 **28** 그 종이 나가서 자기에게 백 데나리온 빚진 동료 한 사람을 만나 붙들어 목을 잡고 이르되 빚을 갚으라 하매 **29** 그 동료가 엎드려 간구하여 이르되 나에게 참아 주소서 갚으리이다 하되 **30** 허락하지 아니하고 이에 가서 그가 빚을 갚도록 옥에 가두거늘 **31** 그 동료들이 그것을 보고 몹시 딱하게 여겨 주인에게 가서 그 일을 다 알리니 **32** 이에 주인이 그를 불러다가 말하되 악한 종아 네가 빌기에 내가 네 빚을 전부 탕감하여 주었거늘 **33** 내가 너를 불쌍히 여김과 같이 너도 네 동료를 불쌍히 여김이 마땅하지 아니하냐 하고 **34** 주인이 노하여 그 빚을 다 갚도록 그를 옥졸들에게 넘기니라 **35** 너희가 각각 마음으로부터 형제를 용서하지 아니하면 나의 하늘 아버지께서도 너희에게 이와 같이 하시리라 **(마태복음 18장 21절-35절)**

우리가 절대 갚을 수 없는 이것을 하나님께서 어떻게 갚아 주셨는가? 그리고 그 탕감이 우리에게 '은혜'인지 아니면 '당연함'으로 여겨지는지 함께 고민해 볼 필요가 있다. 이러한 부분에 대해 다음과 같은 내용으로 묵상할 수 있다.

모든 인간의 죄성을 인정 : 개인, 즉 나의 죄를 인정하면서 동시에 다른 사람의 죄도 인정하는 것이다. 그러므로 내가 어떤 사람에게 당하는 죄악들에 대해서 억울해하지 말아야 한다. 그것을 인정해야 한다. 또한 나 자신도 다른 사람들에게 악을 행하는 것에 대해서 나를 의롭게 여기지 말라. 그것도 죄인인 인간이 당연한 것이다. 그렇다고 죄를 짓고 뻔뻔하라는 것이 아니다.

그것은 그 죄성을 인정할 때, 나의 연약함을 인정하고 다음 단계로 나아갈 수 있다. 그래서 용서의 시작은 나, 타인, 집단의 모든 죄성을 인정하는 것이고, 인정은 '이해'하게 되며, 이해를 통해 '용서'가 가능한 것이다.

죄의 해결자는 하나님 : 우리는 스스로 이 문제를 해결할 수 없다는 자기 고백과 모든 사람에 대한 죄성을 인정했다면 그것을 그들에게 원망함으로 가는 것이 아니라, 긍휼히 여기고 불쌍히 여김의 용서가 필요하다. 이 용서함은 다른 사람뿐만 아니라, 나 자신도 용서해야 이 죄의 문제를 온전히 하나님께 맡겨

해결이 가능한 것이다. 그러므로 타인의 죄나 악행에 대해 우리가 비판하거나 조롱하거나 탓할 수 있는 근거가 우리에게는 없다. 저들의 죄를 보고 그저 우리는 인간의 본질을 다시금 깨닫고 그것이 우리이며, 나라는 사실을 인정하고 더욱 겸손히 하나님이 함께하심을 구하고 하나님께 의지하는 삶의 모습으로 살아가야 한다. 우리에게는 이 문제에 대해 할 수 있는 일도, 어떤 능력도 없다. 죄에 대해 우리는 우리를 포기하는 순간, 하나님이 함께하셔서 그 죄의 문제를 해결하실 수 있다. 이러한 기도를 한다는 것은 이 문제는 내가 할 수 없다는 '포기'의 선언임과 동시에 하나님이 '간섭'하심을 소망하는 것이다.

죄 사함의 열매, 용서(구원받은 자의 열매) : 내가 탕감받는 은혜를 경험했다면, 나에게 빚진 자에게 탕감해 주는 것은 당연하다. 그것이 온전히 탕감받은 자의 삶이다. 마태복음의 본문에 나오는 이 '탕감받은 자(실은 유대인을 향하는 말씀)'는 사실 온전히 탕감받지 않았다. 겉으로는 탕감이지만 그의 마음과 삶의 내용에서는 탕감이 아니라 그저 손익 계산에 그친 것이다. 자신이 빚진 것에 대해서는 억울해했지만 남이 자신에게 진 부채에 대해서는 용납하지 않았다.

즉, 그는 용서받은 것이 아니라, 용서받은 척한 것이다. 온전한 용서는 삶의 변화로 온다. 우리가 하나님께 온전하게 죄 사함을 받은 사람이라면, 우리에게 죄지은 자를 넉넉하게 용서하고 용납할 수 있는 자리로 갈 수 있다. 이런 말이 있다. '용서할 수 있는 것을 용서하는 것은 진정한 용서가 아니다, 용서할 수 없는 것을 용서하는 것이 진정한 용서이다.' 그렇다. 주님은 우리를 용서할 수 없는 자리에 계신 존재이다. 내가 용서함을 경험해야 용서가 뭔지 아는 그 감정, 은혜, 고귀함을 아는 것이다.

용서해야 하나님의 평안함이 온다. 내가 용서하지 않으면 주님의 성령이 나를 불편하게 한다. (좋은 말 할 때 용서해야 한다) 용서는 하나님으로부터 죄 용서받은 자만이 가능하다. 그래서 용서는 용서받은 자의 특권이며 열매이다. 오직 그것은 하나님께서 그리스도를 통하여 시작하신 것이다.

우리가 아직 죄인 되었을 때에 그리스도께서 우리를 위하여 죽으심으로 하나님께서 우리에 대한 자기의 사랑을 확증하셨느니라 (로마서 5장 8절)

결론 | 적용, 결단과 기도

● 용서에 대해 깊이 묵상하며 내가 아직 용서하지 못한 사람에게 먼저 손을 내밀어 진정한 구원 받은 자의 열매를 드러내길 기도합니다.

제 9계명 ▪ 시험을 이겨라!
「 인생을 연단하는 주기도 」

본문 읽기 l 마태복음 6장 13절 A

우리를 시험에 들게 하지 마시옵고

도입 l 생각하기

예화 ▨ 연단

에미 카미켈이라는 순례자가 인도의 대장장이에게 질문했습니다. "당신이 금을 연단 할 때 이것이 순금이 되었음을 어떻게 알 수 있습니까?" "예! 금속에서 제 얼굴을 볼 수 있을 때까지 연단 합니다. 불순물이 섞여 있는지 알아보는 방법은 그 속에 비치는 내 얼굴이 얼마나 정확하게 잘 보이느냐를 가지고 결정합니다."

하나님께서 고난을 허락하시는 것은 우리를 연단 하시기 위함인 것을 우리는 잘 압니다. 우리 안에 주님이 선명하게 보일 때까지입니다. 바닷가의 조약돌은 수없이 거친 파도에 다듬어지면서 만들어진 것들입니다. 하나님께서는 원하시는 대로 우리를 사용하시기 위해 고난으로 우리를 연단 하십니다. 어느 자매는 사랑하는 아버지와 동생을 잃고 나서야 영혼을 구원하는 일에 자신의 생애를 바치겠다고 헌신하게 되었답니다. 당신은 하나님께서 허락하시는 고난을, 당신을 위한 연단의 기회로 삼겠습니까? 아니면 불평만 하겠습니까?

출처: 순복음 가족 신문 2014년 3월 26일, 오늘의 가정 예배 중

▶ 질문 : 당신은 연단 속에서 하나님을 만나셨습니까?
　　　 아니면 절망을 확인하셨습니까?

본문 | 수용하기

이 여섯째 기원도 '그리고'라는 단어로 시작하기 때문에, 우리는 앞의 다섯째 기원과의 관계를 자세히 살펴보아야 한다. 이들 간의 관계는 이렇게 제시될 수 있다. 첫째, 앞서 나온 죄 사함의 간구가 거룩히 여김을 받는 것, 즉 칭의(justification)의 소극적 측면에 관련된다면, 이것은 거룩하게 되는 것, 즉 실제적 성화(sanctification)에 관계된다. 따라서 이 두 가지 축복은 결코 분리되는 법이 없다. 둘째, 과거의 죄가 용서되었기 때문에 우리는 그것을 되풀이하지 않게 해줄 은혜를 위해 열심히 기도해야 한다.

만일 우리가 이미 용서함을 받은 똑같은 죄로부터 멀리하게 될 은혜를 진심으로 갈망하지도 않으면서 하나님이 우리 죄를 사해 주시기를 바라는 것은 옳은 일일 수가 없다. 그러므로 우리는 그것을 반복하는 것을 피할 힘을 얻기 위해 열심히 간구하기를 쉬지 말아야 한다. 셋째, 다섯째 간구에서는 이미 범한 죄의 유죄성을 면해 달라고 기도하지만, 여기서는 우리를 파멸로 이끄는 죄의 권세로부터 구해 달라고 기도한다. 하나님이 앞의 요청을 들어주시는 것에서 우리는 더욱 하나님께 대한 믿음을 북돋워 육신을 죽이고 영혼을 살리게 해 달라고 하나님께 요청하게 된다.

시험에 대해 난해하고 이중적인 성경의 갈등을 해결하고 가자. "사람이 시험을 받을 때에 내가 하나님께 시험을 받는다 하지 말지니 하나님은 악에게 시험을 받지도 아니하시고 친히 아무도 시험하지 아니하시느니라"(**야고보서 1장 13절**) "하나님은 악에게 시험을 받지도 아니하시고"라는 가르침과 이스라엘이 "돌이켜 하나님을 거듭거듭 시험"하였다고 기록된 사실(**시편 78편 41절**)은 서로 간에 반대되는 상황이 아니라 인간의 표현적인 한계인 것을 이해해야 한다.

하나님이 시험한다는 사실은 훈련이고 연단인 것을 인간으로서 하나님에게 당하는 시험으로 받아 들일 수밖에 없는 상황이고, 하나님을 시험했다고 하는 것은 하나님께 여전히 불순종하는 인간의 연약한 모습을 극적으로 표현한 것이다. 하나님께서 아무도 시험하지 않으신다는 것은 아무에게도 악을 불어 넣지 않으시며 우리가 죄를 지을 때 우리와 공모하는 일이 결코 없으시다는 뜻이다. 야고보서 1장 14절에서 명확히 해주듯이, 우리가 짓는 죄의 죄성은 전적으로 우리 자신의 탓이다. 그러나 사람들은 그 시험에 책임을 전가하면서 이런저런 악이 생겨나는 것의 근본 원인이 자신의 타락한 본성이라는 것을 부인한다. 그리고 그들이 그 악을 시험의 탓으로 돌릴 수 없을 때는, "하나님이 주셔서 나와 함께 있게 하신 여자 그가 그 나무 열매를 내게 주므로 내가 먹었나이다"(창세기 3장 12절)라고 아담이 말한 것처럼 비난의 화살을 하나님께 돌림으로써 변명하려고 한다.

그러면 다시 본론으로 돌아가 "우리를 시험에 들게 하지 마시옵고" 이 말씀에 분명하게 함축된 다음과 같은 진리에 유의해야 한다.

첫째, 하나님의 우주적 섭리를 인정하고 있다. 모든 피조물이 그것을 지으신 분의 주권적인 처분에 맡겨져 있으며 그분은 선에 대해서와 마찬가지로 악에 대해서도 똑같이 절대적인 지배력을 가지고 계신다. 이 기원에서는 모든 시험을 좌우하는 것이 모든 것에 지혜로우시고 전능하신 하나님의 손에 달려 있다는 것을 고백한다.

둘째, 하나님께서 배려하지 않으시면 시험에 들 수밖에 없는 죄악된 존재임을 고백하고 있다. 하나님이 우리가 죄에 완전히 삼켜져 사탄에게 멸망하도록 내버려 두는 것이 하나님의 완벽한 의가 될 정도로 우리는 사악하다.

셋째, 하나님의 긍휼을 인정하고 있다. 우리가 아무리 주님을 화나게 했어도 주님은 그리스도를 통해? 우리의 빚을 갚아 주셨다. 그러므로 우리는 이후로도 주님께서 우리를 지켜주시기를 탄원하는 것이다.

넷째, 우리의 약함을 고백하고 있다. 우리는 우리 자신의 힘으로 시험에 대항할 수 없다는 것을 깨닫기 때문에 "우리를 시험에 들게 하지 마시옵고"라고 기도하는 것이다.

그러면 어떻게 하나님이 우리를 시험에 들게 하시는가?

첫째, 주님의 섭리가 그 자체로서 선한데도(우리의 부패성 때문에) 죄에 틈을 주게 될 때는, 하나님이 객관적으로 그렇게 버려둘 수 있는 것이다. 이러한 시험을 받을 때 우리가 스스로 의롭다는 것을 드러낸다면 주님은 우리를 욥이 경험한 것과 같은 환경 속으로 이끌어 가실지도 모른다. 즉 우리가 스스로 신앙에 대하여 자신 있어 할 때, 주님은 우리를 베드로와 같은 시험을 당하도록 내버려 두기를 기뻐하실지도 모른다. 우리가 자기만족에 도취하여 있을 때, 주님은 우리를 히스기야가 자기 의를 자랑하려고 이방 나라에 그 모든 것을 내보인 것 같은 상황 속에 집어넣으실지도 모른다. 이처럼 하나님은 여러 사람을 고난에 빠뜨리시기도 하는데, 이것이 쓰라린 연단이지만 주님의 축복 아래에서는 종종 그 영혼을 살찌우는 결과가 된다. 어떤 사람들은 하나님이 유복하게 만드시는데, 이것이 많은 사람에게 큰 함정이 되기도 하지만 주님에 의해 거룩하게 될 때, 그의 역량을 확대해 주는 것이 된다.

둘째, 하나님께서(그렇게 하실 의무는 없지만) 사탄을 억제하지 않을 때는 결과적으로 시험을 허용하는 것이 된다. 가끔 하나님은 마치 강한 바람이 산 나무에서 죽은 가지를 부러뜨려내듯이, 사탄이 우리를 밀 까부르듯 하게 내버려 두신다.

셋째, 어떤 사람은 하나님이 사법적인(섭리적으로 이해함으로 유기된 자라면) 목적으로 시험하시는데, 즉 마귀가 그들을 더 큰 죄에 빠뜨리도록 허용하심으로써 그 죄를 벌하여 결국 그 영혼이 파멸하게 되는 것이다.

그러면 하나님의 섭리 때문에 객관적으로든, 또는 사탄에게 허용하여 주관적으로든 왜 하나님이 그 백성을 시험하시는가? 여기에는 여러 가지 이유가 있다.

첫째, 하나님이 우리를 테스트하시는 것은 우리에게 우리가 약하다는 것과 주님의 은혜가 몹시도 필요하다는 것을 계시하시기 위해서이다. 하나님은 히스기야의 "심중에 있는 것을 다 알고자 하사"(**역대하 32장 31절**) 그를 붙들고 계시던 팔을 그에게서 거두셨다. 하나님께서 우리를 우리 자신에게 홀로 내버려 두실 때, 우리에게 남는 것은 몹시 고통스럽고도 굴욕스러운 깨달음뿐이다. 하지만 우리가 마음으로부터 "나를 붙드소서 그리하시면 내가 구원을 얻고"(**시편 119편 117절**)라고 기도하게 되려면 이와 같은 자신의 약함에 대한 진정한 인식과 하나님의 은혜에 대한 절실한 바람이 필요하다.

둘째, 주님이 우리를 테스트하는 것은 우리에게 깨어 기도해야 할 필요성을 가르치시기 위해서이다. 우리 대부분은 어리석고 믿음이 없어서 체험이라는 힘든 학교를 통해서만 배우며 그 수업조차도 매로 이루어지게 마련이다. 그러나 이러한 과정 가운데서 조금씩 우리는 우리의 경솔함과 부주의와 뻔뻔스러움 때문에 치러야 할 대가가 얼마나 비싼 것인지를 발견하며 주님께 기도하게 된다.

셋째, 하나님 아버지가 우리를 연단 속에 두시는 것은 우리의 나태함을 고치시기 위해서이다. 하나님은 "잠자는 자여 깨어서…… 일어나라"(**에베소서 5장 14절**)라고 부르시지만, 우리는 그 말에 주의하지 않는다. 그래서 하나님은 종종 시험이란 극단적 방법을 동원하여 거칠게 우리를 일으키신다.

넷째, 하나님께서 우리를 테스트하시는 것은 하나님께서 정해주신 영적 무장의 중요성과 가치를 우리에게 계시하시기 위해서이다(**에베소서 6장 11절-18절**). 만일 우리가 부주의하게 영적인 무장 없이 사단의 세력과 싸우러 나간다면 상처를 입는 것은 지극히 당연한 일이다. 그러나 그 부상은 우리가 앞날에 있을 수 있는 더 큰 파멸에서 주의하게 하는 유익한 결과를 낳게 될 것이다!

이상 말한 것에서 나타나는 분명한 점은, 단순하게 그리고 절대적으로 모든 시험을 나쁘게 보며 이것에서 벗어나게 해 달라고 기도하지는 말아야 한다는 것이다.

그리스도께서도 몸소 마귀에게 시험을 받으셨으며, 바로 그 목적을 위해 성령에 이끌리어 광야로 가셨다(**마태복음 4장 1절, 마가복음 1장 12절**). 우리가 시험을 그 본질이나 의도 및 결과 등

그 어떤 양상에서 보든지 간에, 모든 시험이 반드시 악한 것은 아니다(바로 다음에 나오는 기원이 가리키듯이). 따라서 우리에게서 면하게 해 달라고 기도하는 것은 시험의 '악'이며, 그렇게 기도할 때도 하나님의 깊으신 섭리에 순종하는 태도로 그리고 조건부로 하는 것이다.

다시 요약하여 말하자면 우리는 시험에 들지 않게 되도록 기도해야 한다. 그러나 하나님이 우리의 시험받는 것을 타당하게 여기시면, 시험에 '굴복하지' 않게 되도록 기도해야 한다. 만일 굴복하면 죄에 완전히 '정복당하지' 않게 되도록 기도해야 한다. 또한 우리는 시련으로부터의 완전 면제를 위해서가 아니라 시험에 대해 그릇된 판단의 제거를 위해서만 기도해야 할 것이다.

하나님께서는 종종 우리를 겸손케 하여 하나님께로 인도하시기 위하여, 그리고 하나님의 보호하심을 더 완전히 우리에게 나타내 보이심으로써 영광 받으시기 위해, 사탄이 우리를 공격하라고 괴롭히는 것을 허용하신다. "내 형제들아 너희가 여러 가지 시험을 당하거든 온전히 기쁘게 여기라 이는 너희 믿음의 시

련이 인내를 만들어 내는 줄 너희가 앎이라"(야고보서 1장 2절-3절)

결론적으로 시험과 관련하여 우리의 책임에
대해 몇 마디 해 두는 것이 좋겠다.

첫째, 사탄의 접근을 경계하는 것이 으레 우리의 임무인 것과 같이, 우리를 죄로 끌어들일 사람과 장소를 피하는 것도 우리의 본분이다(**시편 19편 13절, 잠언 4장 14절, 데살로니가전서 5장 22절**). 어느 무명 작가가 말했듯이 "가연성 물질을 많이 가지고 다니는 사람은 불에서 가능한 한 먼 거리를 유지하는 것이 현명한 일일 것이다."

둘째, 우리는 확고부동하게 마귀를 대적해야 한다. "여우 곧 포도원을 허는 작은 여우를 잡으라"(**아가 2장 15절**) 성도들은 마귀에게 한 치라도 양보해서는 안 된다.

셋째, 우리는 하나님께 나아가 유순하게 은혜를 구해야 한다.

전능하신 하나님은 자신의 선하시고 기뻐하시는 뜻을 따라 우리에게 유익을 주시기 때문이다 **(빌립보서 2장 13절).**

당신은 참으로 기도하며 더불어 시험에서 빠져나오기 위한 선한 수단을 모두 써야 한다. 그러나 주님께서 계속 당신에게 시험 주시기를 기뻐하시면 순종하라. 아니, 하나님이 시험을 계속하시며 현재로서 당신에게 필요한 만큼의 은혜를 주지 않으시더라도 불평하지 말고 주님의 발치에 누워 있으라. 하나님은 은혜의 주님이심을 믿으며(토마스 맨튼)! 따라서 우리는 하나님의 주권적인 의지에 따라 시험에 들게 하지 마시기를 기원해야 한다는 것을 알게 된다.

결론 l 적용, 결단과 기도

● 믿음의 시험이 있을 때, 시험에 들기보다는 깨어서 기도합시다.

제 10계명 ▪ 악을 물리쳐라!
「 악의 모양조차도 거절하는 주기도 」

본문 읽기 | 마태복음 6장 13절 B

다만 악에서 구하시옵소서

도입 | 생각하기

예화 ▪ 도덕적 인간과 비도덕적 사회

한 사람 한 사람을 보면 괜찮은 이들도 제법 많은데, 왜 괜찮
은 이들이 모인 사회가 폭력적일 정도로 문제투성이가 될까. 그

게 종종 궁금했다. 개인이 개인을 대하는 일은 비교적 쉽다. 개인이 개인에 대해 면전에서 폭력을 쓰는 경우는 많지 않다. 가족이나 친지, 지인들이 모이면 서로에게 비교적 도덕적으로 대한다. 그런데 집단이 되고 사회가 되면, 그 집단이나 사회 전체에 관한 관심은 상대적으로 약해진다. 낯모르는 개인이나 집단을 가족이나 지인과 같이 대하기는 힘들다. 남의 불치병보다 제 손톱 밑의 가시가 더 다급한 문제이기 마련이다. 이것이 사회 전체가 암울해지게 되는 단순하고 근본적인 이유다.

국제정치학자인 라인홀드 니버가 1930년대에 〈도덕적 인간과 비도덕적 사회〉라는 책을 썼다. 제목 그대로 개인 간에는 서로 도덕적으로 대하는 자세가 가능하지만, 개인들을 몇 단계 건너가면 도덕성의 강도가 약해진다는 내용을 담고 있는 책이다. 개인 차원에서는 다른 이의 이해관계를 고려하기도 하지만, 집단으로 가면 개인들 간의 친밀도가 떨어지고 개인의 도덕성이 그다지 부각되지 않는다. 집단에서는 개인의 의도와 행위 사이의 차이가 직접 노출되지 않는다. 그래서 개인이 내적 의도와 외적 행위 사이에 거리가 있는 비도덕적 행위를 하더라도 집단 전체로서는 딱히 문제가 되지 않는다.

게다가 집단은 단순히 개인들의 총합이 아니다. 집단은 개인의 의도와 행위 사이의 차이가 중층적으로 얽혀 있으면서도, 그 차이들에 책임을 물을 수도 없는 복잡한 상황 속에 놓여 있다. 집단의 주체는 모호해서 전체를 인도하거나 통제하거나 억제하기 힘들다. 다른 사람들의 욕구를 수용하는 능력도 개인과 개인 간의 관계에 비해 훨씬 결여된다.

그래서 개인과 같은 도덕성을 획득하기 어려워진다. 개인들의 이기적 충동이 중층적으로 결합된 집단주의 때문에 타자가 긍정적 행동을 하지 못하게 될 가능성이 크다. 개인은 비도덕적 집단 안에 자신의 도덕성을 숨기고, 자신의 책임은 면하면서 집단의 비도덕성에 합류한다. 이것이 폭력이 구조화하는 이유와 과정이다.

이런 문제는 종교인이 많아진다고 해서 해결되는 것도 아니다. 선량한 종교인들도 이러한 틀에서 벗어나지 못한다. 국회의원을 잘 뽑아 놓았다고 해결될 리 만무하다. 총선에서 상대적으로 변화와 선량한 쪽이 힘을 얻었다고 하여 세상의 평화로 이어지지는 않는다.

국회가 국민보다는 권력에 더 관심이 많은 곳이라는 식상한 이야기는 차치하고라도, 아무리 유능한 정치인이 모여도 복잡다단하게 얽힌 전 국민적 인간관계를 풀어나가기는 힘든 일이다. 지금으로서는 대의민주주의가 아닌 직접민주주의 체제로 옮겨가고, 개개인이 생활 정치의 주체가 되면 조금은 나아질 수 있지 않을까 생각해보는 정도다.

출처 : 오마이뉴스 2016년 4월 15일, 이찬수

▶ 질문 : 개인의 악보다 집단의 악, 공동체의 악함을 묵인할 때가 많다. 이럴 때 우리는 어떤 자세이고, 무기력한 나를 어떻게 하나님의 선함으로, 하나님의 방법으로 인도를 요청하는지 고민하고 나눠 봅시다.

본문 | 수용하기

이 일곱째 간구는 우리 주님의 기도 중 기원 부분의 마지막이 된다. 주님의 기도 가운데 우리 자신에게 필요한 것들을 공급해 달라고 요청하는 것은 네 가지이며, 그것은 제공의 은혜(우리에게 일용할 양식을 주시옵고), 사죄의 은혜(우리 죄를 사하여 주시옵고), 방지의 은혜(우리를 시험에 들게 하지 마시옵고) 및 보호의 은혜(다만 악에서 구하시옵소서)로 나눌 수 있다.

여기서 주의 깊게 보아야 할 것은 경우마다 대명사가 단수가 아니다 복수, 즉 '나'가 아니라 '우리'로 되어 있다는 점이다. 이러한 사실은 우리는 우리 자신을 위해서 뿐만 아니라 믿음의 가정에 속한 모든 지체들을 위해서 간구해야 함을 보여준다. 이것은 참된 그리스도인이 드리는 기도의 가족적 성격을 얼마나 아름답게 나타내는가! 우리 주님이 우리에게, 하나님을 "우리 아버지"라 부를 것을 명하시며 구할 때 주님의 모든 자녀를 품으라고 가르치시는 것을 보면 그것을 잘 알 수 있다.

대제사장의 가슴에는 모든 이스라엘 지파의 이름이 새겨져 있었는데, 이것은 구약 시대 대제사장의 완성자이신 그리스도께서 하시는 중보 기도를 상징하는 것이다. 그래서 사도 바울도 "여러(all) 성도를 위하여" 간구하라고 명령한다(에베소서 6장 18절). 자기애(self-love)는 연민의 정을 가로막아 우리를 우리 자신의 이해관계에만 머물게 한다. 그러나 우리 믿음 가득히 스며든 하나님의 사랑은 형제의 유익을 위한 간절한 마음을 품게 한다.

"다만 악에서 구하옵소서." 여기서 악이라는 단어가 우선으로는 마귀를 가리키지만, 오직 그것에만 국한된다고 할 수는 없다. 원래 이 말의 헬라어 단어는 '악한 자나 악한 것'을 모두 가리키고 있다. 사실, 이 낱말은 양쪽으로 모두 번역될 수가 있다. 토마스 스콧은 "우리는 모든 종류와 모든 경우의 악으로부터, 어두움의 세력의 악랄함과 그 힘과 교활함으로부터, 이 악한 세상과 그 모든 유혹과 함정과 분노와 기만으로부터, 그것이 억제되고 정복되고 종국에는 근절되도록 우리 마음의 악으로부터, 고통의 악으로부터, 구원받기를 위해 기도하라는 가르침을 받는

다.” 라고 했다. 그렇다면 이 기원은 우리에게 정말 해가 되는 모든 것, 특히 그 안에 선한 것은 하나도 없는 죄로부터 구원받기를 바라는 간절한 소원의 표현이다.

거룩한 분이신 하나님과 대조해 볼 때 사단이, “악한 자”(에베소서 6장 16절, 요한일서 2장 13절-14절)라고 불리는 것은 사실이다. 하지만 죄가 악하며(로마서 12장 9절) 세상이 악하며(갈라디아서 1장 4절) 우리 자신의 타락한 본성이 악하다는 것도 역시 사실이다(마태복음 12장 35절) 더욱이 마귀는 육신과 세상을 이용하여 우리를 압도한다. 육신과 세상이야말로 공중 권세 잡은 자의 하수인이기 때문이다. 따라서 ‘다만 악에서 구하시옵소서’라는 기원은 우리의 모든 영적인 적으로부터 구해 달라는 기도이다.

그리스도 보혈의 권세로 구원받아 성도가 된 우리가 이미 ‘흑암의 권세’에서 건짐을 받아 그리스도의 나라로 옮기 운 것은 사실이며(골로새서 1장 13절) 그 결과로서 사단이 우리에 대한 합법적인 권위를 잃은 것도 사실이다. 그런데도 우리의 영적인 적은 여전히 두렵고도 강압적인 힘을 휘두른다.

마귀는 우리를 통치할 수는 없지만, 우리를 방해하고 괴롭힐 수는 있다. 마귀는 적들을 선동하여 우리를 박해하게 하며(**요한계시록 12장 13절**) 우리의 욕망에 불을 붙이며(**역대상 21장 1절, 고린도전서 7장 5절**) 우리의 평화를 어지럽힌다(**베드로전서 5장 8절**). 그러므로 마귀에게서 건짐을 받도록 끊임없이 기도할 필요가 있으며 또 그래야 하는 것이 우리들의 임무이다.

사단이 잘 쓰는 계략은 우리가 특별히 범하기 쉬운 어느 한 죄에 오랫동안 스스로 빠져 있도록 부추기거나 속이는 것이다. 그러므로 우리는 우리의 본성적으로 타락한 악한 욕망이 억제되도록 끊임없이 기도할 필요가 있다. 또한 추한 욕망을 일으켜 하나님의 자녀를 학대할 수 없을 때, 마귀는 다윗의 경우에 그랬던 것처럼(**사무엘하 11장 1절**) 하나님의 이름을 모독케 하며 그 백성을 화나게 할 죄를 범하게 하려고 애쓴다.

성도가 죄를 가졌을 때 마귀는 그에게 그것에 안주하여 양심의 가책을 느끼지 않게 하려고 한다. 하나님께서 우리의 잘못을 추궁하실 때, 사단은 우리에게 우리 아버지의 추궁을 불쾌히 여기도록 하거나 절망에 빠지게 하려고 애쓴다. 이러한 공격 방법에 실패할 때면, 마귀는 욥의 경우처럼 우리의 친구나 친척을 선동하여 우리를 대적하게 한다. 그러나 마귀의 공격 방침이 어떻든 간에, 우리가 날마다 의지해야 할 것은 이러한 마귀의 궤계로부터 건짐 받기를 위한 기도이다.

그리스도께서 몸소 우리에게 이 기원을 드리도록 독려하는 본보기를 남기셨다. 우리를 위해 다음과 같은 중보 기도를 하셨다. "내가 비옵는 것은 그들을 세상에서 데려가시기를 위함이 아니요 다만 악에 빠지지 않게 보전하시기를 위함이니이다"(요한복음 17장 15절)

이것이 우리가 지금 고려하고 있는 '악에서 구하시옵소서'란 어구와 그 앞에 나오는 '시험에 들게 하지 마시옵고'란 기원 간의 연결 관계를 보여준다. 그리스도께서는 절대로 우리가 시험에서 면제되기를 기도하지 않으셨다. 주님은 자기 백성이 안팎으로부터 공격받을 것을 아셨다. 그래서 주님은 우리를 세상에서 데려가시기를 구하지 않고 다만 악에서 건짐을 받기만을 구하셨다.

죄의 악으로부터 보호받는 것은 시험의 근심으로부터 보호받는 것보다 훨씬 더 자비로운 것이다. 그러나 하나님이 우리를 악에서 얼마나 멀리 건져 내실 것인지를 묻는 사람이 있을지 모른다.

첫째, 악이 우리의 가장 고귀한 영적 성장에 해로운 한, 하나님이 그 악으로부터 우리를 보호하신다. 베드로가 일시적으로 실족하는 일을 당한 것조차(**누가복음 22장 31절-34절**) 궁극적으로 베드로와 하나님의 백성의 영적 성장을 위해서였다.

둘째, 하나님은 악이 우리를 완전히 지배하는 것을 막아 우리가 완전히 그리고 최종적으로 멸망에 빠지는 것을 막으신다.

셋째, 주님이 우리를 하늘에 옮기실 때, 궁극적인 구원에 의해 악에서 우리를 완전히 구하신다. 그러면 "다만 악에서 구하옵소서"란 기원의 의미는 무엇인가?

(1) 이것은 우리가 사탄의 계략을 감지해 낼 수 있도록(**고린도후서 2장 11절**) 하나님의 조명을 구하는 기도이다. 자신을 빛의 천사로 가장할 수 있는 자(**고린도후서 11장 14절**) 즉 사단은 너무 교활해서 인간의 지혜로 대처할 때는 실패할 수밖에 없다. 오직 성령께서 은혜로이 깨우쳐 주셔야만 우리가 그 함정을 분별할 수 있다.

(2) 이것은 사단의 공격을 대적할 힘을 구하는 기도이다. 사단은 우리 자신의 힘으로 맞서기에는 너무 막강하기 때문이다. 우리가 성령의 도우심에 의해 힘을 얻을 때만 사단의 시험에 넘어가지 않을 수 있으며 죄를 지으면서 느끼는 즐거움을 오히려 혐오하게 된다.

(3) 그것은 우리의 욕망을 억제하며 하나님의 은혜를 구하는 기도이다. 우리가 외부적인 죄의 유혹을 거부할 수 있게 되는

것은 오직 우리 자신의 내적 타락으로 인한 죄악 된 본성을 죽이는 정도에 따르기 때문이다. 우리 마음에 악을 허락하면서 사단에 비난을 퍼붓는 것이 적당한 일일 수는 없다. 사단의 지배로부터 건짐을 받으려면 먼저 죄를 사랑하는 것에서 벗어나야 하는 것이다.

(4) 이것은 우리가 죄에 굴복했을 때 회개를 구하는 기도이다. 죄는 우리의 영적 분별력을 죽이고 우리 마음을 완고하게 만드는 파멸적인 경향이 있다(히브리서 3장 13절). 오직 하나님의 은혜만이 죄로 인한 이러한 뻔뻔스러운 영적 무관심으로부터 우리를 자유롭게 하여 우리 안에서 죄로 인한 경건한 슬픔(회개에 이르게 하는 근심)에 이를 수 있게 하는 것이다. "우리를 구하시옵소서"라는 말씀이 암시하는 바는, 수렁에 빠져 누군가가 들어내 주어야만 밖으로 나올 수 있는 짐승처럼, 우리 역시 우리 힘만으로는 결코 나올 수 없는 죄에 깊이 빠져 있다는 것이다.

(5) 그것은 양심으로부터 죄의식을 제거해 달라는 기도이다. 참된 회개가 이루어질 때, 그 영혼은 수치심을 가지고 하나님

앞에 엎드리게 된다. 그리고 성령께서 양심에 새로이 정결케 하는 그리스도의 피를 뿌릴 때까지는 위안이 없다.

(6) 그것은 우리가 악에서 건짐을 받았기 때문에 우리 영혼으로 하여 다시 하나님과의 교통을 회복하게 해 달라는 기도이다.

(7) 그것은 주님께서 자기의 영광을 위해 그리고 우리의 영원한 복락을 위해 우리의 타락으로 인한 죄과를 지워줄 것을 청하는 기도이다.

이 모든 것을 진심으로 바란다는 것은 하나님으로 악에서 벗어나는 은총을 받았다는 표시이다.

한편 우리는 기도한 것을 실행에 옮기려고 노력해야 한다. 하나님께 악에서 건져달라고 하고 나서 죄를 가지고 장난하거나 무모하게 시험의 자리로 달려가는 것은 하나님을 희롱하는 일밖에 되지 않는다. 따라서 기도와 더불어 영적으로 깨어 죄에서 벗어나려는 적극적으로 노력을 하는 것은 절대 서로 분리되지 말아야 한다.

즉 우리는 특별히 우리의 욕망을 억제하는 데에(**골로새서 3장 5절, 디모데후서 2장 22절**), 육신의 일을 도모하지 않는 데에(**로마서 13장 14절**), 악은 모양이라도 버리는 데에(**데살로니가전서 5장 22절**), 믿음에 굳게 서서 마귀를 대적하는 데에 (**베드로전서 5장 8절-9절**), 세상과 그 안에 있는 것들을 사랑하지 않는 데에 (**요한일서 2장 15절**) 주의를 기울여야 한다. 하나님의 거룩한 말씀에 의해 우리 성품이 바로 형성되고 우리 행위가 더 나아질수록, 우리는 더욱더 선으로 악을 이기게 될 수 있을 것이다. 성도는 선한 양심을 잃지 않기에 힘써야 한다(**사도행전 24장 16절**). 하루하루를 땅에서의 마지막 날로 여기며 살려고 노력해야 한다(**잠언 27장 1절**). 우리의 생각을 위의 것에 두어야 한다(**골로새서 3장 2절**). 그러면 우리는 진심으로 "다만 악에서 구하시옵소서"라고 기도할 수 있을 것이다.

결론 | 적용, 결단과 기도

● 한 주 동안도 믿음의 시험이 있을 때, 시험에 들기보다는 깨어서 기도합시다. 또한 속한 공동체의 부정과 불의에 대해 기도합시다.

결론

영광 받으소서!

「 주기도문의 열매는 하나님께 영광 」

본문 읽기 | 마태복음 6장 13절 C

나라와 권세와 영광이 아버지께 영원히

있사옵나이다   아멘

송영(頌榮) ▪ 영화로움을 칭송하다!

도입 | 생각하기

예화 ■ 새벽송 사건

내가 사는 농촌 마을에 개척교회가 세워졌다. 나는 그해 성탄절 전까지 중학생과 고등학생 20여 명을 전도했다. 성탄절 새벽송을 위해 학생들에게 찬송가 세 곡을 외우게 했다. 성도님 집에 가서는 '기쁘다 구주 오셨네'를, 불신자 집에 가서는 '고요한 밤 거룩한 밤'을 부르기로 했다. 새벽 4시쯤 귀신 들린 무당집을 방문했다. 징을 치는 소리가 요란했다. 우리는 대문 밖에서 '기쁘다 구주 오셨네'를 큰 소리로 불렀다. 요란하던 징 소리가 그쳤다. 그때 집 주인이 겁에 질린 모습으로 달려 나와 "굿하는 집에 웬 찬송가여. 우리 집 이제 망했어."라며 고함을 질렀다. 왜 그러시냐고 물었더니, 찬송가 소리가 들리자 일어나서 춤추던 무당과 앉아서 징을 치던 무당이 쓰러졌다는 것이다.

여호사밧 왕의 찬양대가 찬송을 부를 때에 여호와의 복병이 적군에 임하여 그들이 패망한 일이 생각났다(역대하 20장). 그

일로 인하여 그 집이 모두 다 예수를 믿어 구원받게 되었다. 하나님은 찬송 중에 임하신다.　　　　　출처 : 최낙중 목사, 해오름 교회

　▶ 질문 : 하나님을 찬송하는 것에는 능력이 있다고 합니다.
　　　개인이 경험한 것을 나눠 봅시다.

본문 | 수용하기

　거룩한 예배자들을 위한 본보기 기도로서 주기도문은 기도의 대상에게 찬양을 돌리는 것으로 종결되는데, 이것은 이 기도의 완결성을 명백히 나타낸다. 그리스도께서는 여기서 제자들에게 그들이 필요한 것을 구할 뿐만 아니라 마땅히 하나님의 것을 하나님께 돌리라고 가르치셨다.

　감사와 찬양은 기도에 필수적인 부분이다. 특히 후자는 모든 공중 예배에서 유념해야 할 것인데, 하나님이 반드시 받으셔야 할 것이 바로 절대자를 향한 경배이기 때문이다. 확실히 우리가

하나님께 우리를 축복해 달라고(bless) 요청할 때, 적어도 하나님을 송축하여야(bless) 하는 것이다.

바울은 "찬송하리로다 하나님 곧 우리 주 예수 그리스도의 아버지께서 그리스도 안에서 하늘에 속한 모든 신령한 복을 우리에게 주시되"라고 외친다(에베소서 1장 3절). 이런 점에서 볼 때 하나님께 송축을 선포하는 것은 우리에게 향하신 하나님의 은혜의 메아리요 반영일 뿐이다. 따라서 경건한 찬양은 고양된 영적 감정의 표현으로서, 하나님과 교통하는 영혼에 합당한 언어이다.

한편 주기도문과 송영이 보여주는 완벽한 점들과 그 속에 있는 각 어구와 단어가 지닌 놀라운 충만함은 빠르고 부주의하게 보아 넘겨서는 깨달을 수 없고, 경배하는 마음으로 깊이 생각함으로써만 분명해진다.

이 송영은 적어도 다음 세 가지 점을 고려해 볼 수 있다. (1)거룩하고 기쁜 찬양의 표현으로서 (2) 모든 기원을 실행하기를 탄

원하고 논증하는 것으로서 (3) 하나님께서 기도를 들으실 것이라는 확신의 확인과 천명으로서. 이 기도에서 우리 주님은 우리에게 참된 기도의 진수를 제시하신다. 성령에 의해 쓰인 구약시편의 기도에서도 기도와 찬양이 끊임없이 결합해 있다.

신약에서 사도 바울은 다음과 같은 권위 있는 교훈을 준다. "아무것도 염려하지 말고 다만 모든 일에 기도와 간구로, 너희 구할 것을 감사함으로 하나님께 아뢰라"(빌립보서 4장 6절) 성경에 기록된 뛰어난 성도들의 기도는 모두 "이스라엘의 찬송 중에 계시는 주"(시편 22편 3절)께 드리는 찬미가 섞여 있다.

성도들이 드릴 기도의 모범이 되는 주기도문에도 알파와 오메가는 하나님이시다. 즉, 이 기도는 하늘에 계신 우리 아버지께 하는 것으로 시작했고, 주님을 영광스러운 우주의 왕으로 찬양함으로써 끝난다.

주님의 완전함이 우리 마음 앞에 있으면 있을수록, 우리의 예배는 더욱 영적이 될 것이며 우리의 간구는 더욱 경건하고 열심

있게 될 것이다. 영혼이 하나님 자신에 대해 묵상하면 할수록 그 찬양은 더욱더 자발적이며 진심에서 우러나오는 것이 될 것이다.

"기도를 계속하고 기도에 감사함으로 깨어 있으라"(골로새서 4장 2절) 이러한 점으로 보아 주님께서 약속하신 축복이 우리에게 보류되는 이유는 바로 기도에 힘쓰지 못하고 감사함으로 깨어 있지 못하는 우리의 잘못 때문이 아닌지? "하나님이여 민족들이 주를 찬송하게 하시며 모든 민족으로 주를 찬송하게 하소서 땅이 그의 소산을 내어 주었으니 하나님 곧 우리 하나님이 우리에게 복을 주시리로다"(시편 67편 5절-6절)

만일 우리가 하나님께서 이미 베풀어 주신 긍휼로 인하여 하나님을 찬양하지 않는다면 어떻게 하나님이 그 긍휼로써 우리를 축복하시리라고 기대할 수 있겠는가?

"나라와····· 아버지께····· 있사옵나이다" 이 말씀은 만물에 대한 창조주의 권리와 권위를 제시하는데, 이 권리와 권위로써 하나님은 자신이 기뻐하시는 뜻을 따라 만물을 처리하신다.

하나님은 창조와 섭리와 은혜에 있어서 최고 주권자이시다. 주님은 하늘과 땅을 다스리시므로 모든 피조물과 사물이 주님의 완전한 통제 아래에 있다. '권세'라는 단어는 하나님이 자신의 주권을 행사하고 하늘과 땅에서 자신의 뜻을 수행하는 데에 전혀 부족함이 없음을 가리킨다.

주님은 전능한 분이시기 때문에 기뻐하시는 대로 할 능력이 있으시다. 주님은 결코 졸지도 주무시지도 않는다(**시편 121편 3절-4절**). 하나님께 어려운 일은 없다(**마태복음 19장 26절**). 주님에게 거역할 수 있는 자는 아무도 없다(**다니엘 4장 35절**). 주님과 주님의 몸 된 교회의 구원에 적대 되는 모든 세력을 주님은 완전히 무너뜨릴 수 있고 또 그렇게 하실 것이다.

"영광"이라는 단어는 주님이 말로 다 할 수 없이 뛰어난 분이시라는 것을 제시한다. 즉 주님은 만물을 다스리는 절대 능력을 가지고 계시기 때문에 너무나도 영광스러운 분이시다. 하나님의 영광이야말로 하나님의 모든 역사를 통해 이루실 장엄한 목표이며 주님은 모든 일에 있어서 자신의 영광을 항상 지키셨다 **(이사야 48장 11절-12절)**. 주님에게는 오직 자신만이 기도의 응답자라는 영광이 있는 것이다.

다음으로, 송영이 "대개"(구 주기도문)라는 접속사로 도입된다는 점에 유의하자. 이것은 나라가 아버지에게 있다는 사실에 대한 이유의 의미를 설명하고 있음을 나타내고 있다. 따라서 이 송영은 하나님의 완전함을 고백하는 것일 뿐만 아니라 하나님이 왜 우리의 기원을 들으셔야 하는지에 대한 매우 강력한 탄원이기도 하다.

또한 "대개"란 접속사는 '나라가 당신에게 있어서 기도의 요청을 승낙하실 수 있습니다'라는 뜻이다. 이 송영이 의심할 바 없이 기도 전체에 속하며 일곱 가지의 기원을 모두 시행시키기 위해 도입된 것이긴 하지만, 특히 직접적으로는 맨 마지막 기원과 관계되는 것 같다. 즉 나라가 당신의 것이니, 다만 악에서 구하시옵소서라는 뜻이다.

"오, 하나님 아버지! 우리 적들의 수효와 세력이 참으로 큽니다. 그리고 그들은 우리 자신의 사악한 마음의 반역 때문에 더욱더 큰 힘을 발휘합니다. 그러나 우리는 주님이 그들과 맞서서 우리를 도와주시기를 탄원할 용기가 납니다. 왜냐하면 죄와 사탄이 우리에게 맞서 시도한 것은 모두 우리에게 대한 주님의 주권과 지배 및 우리에 의한 주님 영광의 확대에 대한 공격이기 때문입니다."

"나라와 권세와 영광이 아버지께 영원히 있사옵나이다" 얼마나 큰 격려가 여기 있는가! 특히 이 가운데 두 가지 측면이 우리에게 하나님을 향한 큰 확신을 불러일으킨다. 즉 주님이 기꺼이 하신다는 것과 하실 능력이 있다는 것이다. 하나님이 그 아들 그리스도를 통해 우리에게 자신을 우리 아버지로 부르라고 명령하신다는 것은 우리를 사랑한다는 표시요, 우리를 보살피신다는 증거다. 그렇지만 하나님은 또한 만왕의 왕이시요, 무한한 권능을 소유하고 있는 분이시다. 이 진리는 우리에게 주님의 역량을 확증해 주며 그 능력을 보장해 준다. 아버지로서는 그 자녀들에게 필요한 것을 나누어 주며, 왕으로서는 그 신민들을 지켜주신다.

"아버지가 자식을 긍휼히 여김 같이 여호와께서는 자기를 경외하는 자를 긍휼히 여기시나니" (시편 103편 13절)

"하나님이여 주는 나의 왕이시니 야곱에게 구원을 베푸소서" (시편 44편 4절)

주님이 자신의 것에 관하여 자신이 강함을 보여주고 자신의 권능을 나타내시는 것은 자신의 명예와 영광을 위해서이다.

"우리 가운데서 역사하시는 능력대로 우리가 구하거나 생각하는 모든 것에 더 넘치도록 능히 하실 이에게 교회 안에서와 그리스도 예수 안에서 영광이 대대로 영원무궁하기를 원하노라 아멘" (에베소서 3장 20절-21절)

이제 얼마나 놀라운 교훈이 여기에 포함되어 있는지 살펴보자.

첫째, 우리는 하나님의 완전함으로부터 끌어낸 논지를 가지고 기도하라는 가르침을 받는다. 하나님의 우주적 왕권과 권능과 영광에 대한 신뢰가 우리에게 필요한 것을 얻기 위한 효과적인 탄원으로 바뀌어야 하는 것이다. 우리는 욥이 하려고 했던 것을 실천해야 한다. "그 앞에서 호소하며 변론할 말을 내 입에 채우고"(욥기 23장 4절)

둘째, 우리는 기원과 찬양을 결합하라는 지시를 받는다.

셋째, 우리는 최고의 경배심을 가지고 기도하라는 가르침을 받는다. 하나님은 너무나도 위대하고 권능이 많으신 왕이기 때문에 경외를 받아야 하는 것이다(이사야 8장 13절). 따라서 주님 앞에서 모든 피조물은 주권적 의지에 완전히 굴복하여 엎드려야 된다.

넷째, 우리는 주님에게 완전히 굴복하며 복종해야 한다는 교훈을 얻는다. 그렇지 않고 우리에 대한 주님의 지배를 말로만 인정하며 실생활에서 자기 마음대로 행동한다면 하나님을 우롱하는 것밖에는 되지 않는다(이사야 29장 13절).

다섯째, 이렇게 기도함으로써 주님의 영광을 우리의 일차적인 관심사로 삼고, 주님께 영광을 돌리는 삶을 살도록 노력하여 우리들의 삶 자체가 주님에 대한 찬양을 드러내게끔 훈련받는다.

"영원히" 우리 아버지의 나라, 권세 및 영광이란 표현이 지상 군주의 덧없는 지배와 영광과는 얼마나 뚜렷한 대조를 보이는가! 우리의 기도를 받으시는 영광스러운 분은 "영원부터 영원까지……하나님"**(시편 90편 2절)**이시다. 또한 이와 같으신 하나님을 계시하시고 바른 기도를 제시하신 그리스도 예수께서도 "어제나 오늘이나 영원토록 동일"하시다**(히브리서 13장 8절).** 따라서 올바르게 기도할 때, 우리는 시간을 넘어 영원을 바라보며, 현재의 것들을 미래와 연결하여 헤아리는 것이다.

이 "영원히"라는 말씀이 얼마나 장엄하고 인상적인가! 이 땅의 나라는 쇠하고 사라진다. 또한 피조물의 힘은 하잘것없으며 순간적일 뿐이다. 이처럼 인간과 모든 세속적인 것의 영광은 꿈과 같이 사라지나 여호와의 나라와 권세와 영광은 어떠한 변화도 받지 않고 감소하지도 않으며 끝을 모른다. 그러므로 성도들은 복된 소망을 첫째 하늘과 땅이 지나간 뒤에, 하나님의 나라와 권세와 영광이 영원무궁토록 그 놀라운 실제 모습이 그대로 알려지고 찬양받는데 두어야 할 것이다.

"아멘" 주기도문에 있어서 마지막으로 나오는 이 단어는 기도에 꼭 있어야 할 두 가지, 말하자면 열렬한 소원과 믿음의 실행을 암시한다. 왜냐하면 히브리어 '아멘'(신약에서는 종종 '진실로'라고 번역된다)은 "그렇게 될지어다"라는 뜻을 지니기 때문이다. 간구와 기대라는 이 이중적인 의미는 다음과 같이 시편 72편 19절에서 '아멘'을 중복해서 사용한 것에서 뚜렷이 암시된다. "그 영화로운 이름을 영원히 찬송할지어다 온 땅에 그 영광이 충만할지어다 아멘 아멘" 전능하신 하나님께서 그렇게 하라고 정하셨기 때문에 이를 믿는 온 교회가 "그렇게 될지어다"라고 그 소원을 표현하는 것이다.

이 "아멘"은 주기도문의 각 부분과 어구마다 적용할 수 있다. 즉, "이름이 거룩히 여김을 받으시오며 아멘" 등등 공중 기도와 개인 기도에서 '아멘'을 말하는 것은 우리의 열망을 표현하고 하나님의 권능과 신실하심에 대한 우리의 확신을 확인하는 것이다. 그러므로 그것 자체가 압축되고 강조된 기원이다.

즉 "아멘"이란 하나님 약속의 진실함을 믿고 그 통치의 확고함에 의존하여 은혜로운 응답에 대한 우리의 확신 있는 기대를 마음에 새기며 고백하는 것이다.

결론 | 적용, 결단과 기도

● 찬송의 삶을 통해 하나님의 역사하심을 경험합시다.

1. 주기도문(개역개정)

2. 신구약 성서(개역개정)

3. 인터넷 자료(신문, 포탈, 카페, 블로그 등)

4. 웨스트민스트 소요리문답 #98-107

5. 저자(김동기)의 설교문과 묵상(QT) 자료

6. 옥스퍼드 원어 성경 대조 신구약 주석